ODENWALD

Elke Haan

KOMPASS Wanderbuch

Elke Haan

Studium der Germanistik und Kunstgeschichte, M.A., Buchhändlerin, durchstreift als unermüdliche Wanderin vorzugsweise die deutschen Mittelgebirge und Norwegen.

Das KOMPASS-Wanderbuch 928 »Harz« wurde ebenfalls von der Autorin verfasst.

Auflage: 2003 · ISBN 3-85491-862-3 · Verlagsnummer 934

Text und Fotografie: Elke Haan

Bildnachweis: Alle Aufnahmen mit Ausnahme des Titelbildes von der Autorin.

Titelbild: "Frühling im Odenwald", Fotograf Willi Weckbach.

(Touristikservice Odenwald-Bergstraße e.V)

Bild Innentitel Seite 1: Die Starkenburg auf der zweiten Kuppe von rechts ist ein markanter Blickfang hoch über der Bergstraße.

Foto S. 3: Auf dem Treppenturm des Plalas der Burgruine Dilsberg bietet sich ein erstklassiges Neckartalpanorama.
Foto S. 6: Von Schloss Heiligenberg bietet sich ein exzellenter Blick auf die Oberrheinebene.

Grafische Herstellung: wt-BuchTeam

Wanderkartenausschnitte: © KOMPASS-Karten GmbH

Höhenprofile: wt-BuchTeam

Da die Angaben eines Wanderführers in der heute so schnelllebigen Zeit fast ständig Veränderungen unterworfen sind, kann für die Richtigkeit keine Gewähr übernommen werden. Auch lehrt die Erfahrung, dass Irrtümer nie ganz zu vermeiden sind. Für Berichtigungen und Verbesserungsvorschläge ist die Redaktion stets dankbar. Korrekturhinweise bitte an folgende Anschrift:

Walter Theil, Egerlandstraße 11, 84518 Garching/Alz
Telefon 0049-(0)8634/68 98 03 · Fax 0049-(0)8634/68 98 04
E-mail: WTheil@t-online.de
oder an
KOMPASS-Karten GmbH, Kaplanstraße 2, A-6063 Rum/Innsbruck,
Telefon 0043-(0)512/26 55 61-0 · Fax 0043-(0)512/26 55 61-8
E-mail: kompass@kompass.at
http://www.kompass.at

Vorwort

Der Odenwald ist eine Insel der Ruhe inmitten der geschäftigen Ballungszentren von Rhein, Main und Neckar. Von der Beschaffenheit der Wege und dem eher sanften Relief her ist »das Jagdrevier der Nibelungen« mit seinen bewaldeten Höhenzügen und Kuppen ein eher gemütliches Mittelgebirge: Mit Ausnahme der Neckartalhänge und der Steilstufe am bergstraßenseitigen Westrand herrschen familienfreundliche Wanderbedingungen ohne schweißtreibende Anstiege vor. Gleichwohl folgen nicht alle Wanderrouten fahrradfähigen Wegen, zahlreich sind lauschige Waldpfade.
Dank der guten Verkehrsinfrastruktur vor allem im Neckartal und an der Bergstraße ist der Odenwald auch ein hervorragendes Gebiet für Streckenwanderungen: Durch ihn führen die Europäischen Fernwanderwege E1 und E8 sowie zahlreiche regionale Weitwanderwege, darunter der Nibelungenweg, der Burgenweg und der Limesweg.

Viel Spaß beim Durchwandern des Odenwalds!

Elke Haan

INHALT

Das Gebiet

Der Odenwald mit seinen Laubwäldern und romantischen Talgründen, seinen Burgen, Schlössern und Fachwerkorten erhebt sich zwischen den Obstbaum- und Rebfluren der Bergstraße, den sanften Hügeln des Kraichgaus, den Muschelkalkhochflächen des Baulands und den Fachwerkidyllen am Main. Die höchste Erhebung dieses in Hessen, Bayern und Baden-Württemberg gelegenen Mittelgebirges ist der Katzenbuckel (626 m) im Naturpark Neckartal-Odenwald.

Bergstraße

Als Bergstraße wird der klimatisch begünstigte Westen des Odenwalds zwischen der Wissenschafts- und Jugendstilmetropole Darmstadt im Norden, der Romantikerstadt Heidelberg am Austritt des Neckartals und der Weinstadt Wiesloch im Süden bezeichnet. Wie an einer Perlenschnur aufgereiht, finden sich hier am Fuß sonnenverwöhnter Rebhänge Fachwerkorte vom Feinsten, während die Burgen und Ruinen auf den Höhen der Vorderen Odenwalds einzigartige Ausblicke auf die Oberrheinebene gewähren. »Hier fängt Deutschland an, Italien zu werden«, soll Kaiser Joseph II. im Frühjahr 1764 bei einem Besuch an der Bergstraße angesichts der Blütenpracht ausgerufen haben – an der Bergstraße sind exotische Gewächse ebenso zu Hause wie Tabak, Spargel und Wein.
Benannt ist das Gebiet nach der »strata montana« (lateinisch Bergstraße), einer Handels- und Heerstraße, die urkundlich im Jahr 795 als »strata publica« (öffentliche Straße) erstmals erwähnt wird.

Dieser alten Römerstraße, die vermutlich schon Jahrtausende vor den Römern als Weg am Fuß des Odenwalds genutzt wurde, folgt in etwa die heutige Bundesstraße 3 bzw. die nördlich von Zwingenberg als Landstraße geführte »Alte Bergstraße« als eine der bedeutendsten deutschen Fremdenverkehrsstraßen: Die »Ferienstraße Bergstraße« bildet zwischen Darmstadt und Wiesloch die Leitlinie zur Erkundung einer reichen Natur und von mehr als 3000 Jahren Kultur und Geschichte. Der Bogen spannt sich vom jungsteinzeitlichen Menhir von Alsbach bis zu den keltischen Ringwällen auf dem Heidelberger Heiligenberg, vom römischen Reiterkastell in Ladenburg bis zur karolingischen Torhalle in Lorsch, von Deutschlands höchstem Mammutbaum im Staatspark Fürstenlager bis zum Weinheimer Schlosspark und bis hin zu den zahlreichen Volks- und Weinfesten, die im Frühjahr mit dem Schriesheimer »Matheisemarkt« eröffnet und bis in den November hinein gefeiert werden, wenn der erste Frost einen hervorragenden Eiswein reifen lässt.

Naturpark Bergstraße-Odenwald

Der 1960 gegründete hessisch-bayerische Naturpark Bergstraße-Odenwald trägt seit 2002 das Prädikat »Europäischer Geopark«. Mit seinen über 50 Burgen und Schlössern, den mittelalterlichen Stadtkernen und Parks an der klimatisch begünstigten Bergstraße, dem römischen Odenwaldlimes und anderen Relikten aus römischer Zeit sowie seinen Weinbergen und prachtvollen Buchenwäldern und seiner Verbindung mit der Nibelungensage zählt er zu den abwechslungsreichsten deutschen Naturparken. Er erstreckt sich auf einer Fläche von 2.000 qkm vom Hessischen Ried und der hessischen Bergstraße im Westen bis hin zum Maintal, das den Odenwald vom Spessart trennt; im Süden grenzt er an den baden-württembergischen Naturpark Neckartal-Odenwald und erreicht in der Vierburgenstadt Neckarsteinach das Neckartal. Höchste Erhebung ist die Neunkircher Höhe (605 m), markantester Berg der weit in die Oberrheinebene vorspringende Melibocus (517 m), der »König des Odenwalds«. Zu den bekanntesten Naturdenkmälern zählen die Felsenmeere des Reichenbacher Felsbergs. Der Verwaltungssitz befindet sich in der Stadt Lorsch, deren Torhalle als Welterbestätte unter dem Schutz der UNESCO steht, im hessischen Staatspark »Fürstenlager« in Bensheim-Auerbach ist das zentrale Informationszentrum untergebracht.

Info: Verein Naturpark Bergstraße-Odenwald e.V., Nibelungenstr. 41, 64653 Lorsch, Tel 06251-586253, (www.geo-naturpark.de)

Wanderverein Odenwaldklub

Montmelianer Platz 5, 64739 Höchst i. Odenwald, Tel 06163-4785, www.odenwaldklub.de

Naturpark Neckartal-Odenwald

Der Naturpark Neckartal-Odenwald umfasst die Natur- und Kulturlandschaft des romantischen Neckartals und die bewaldete Mittelgebirgslandschaft des Buntsandstein-Odenwalds mit dem Katzenbuckel (626 m) als höchster Erhebung des gesamten Gebirges. Burgen, Schlösser und Fachwerkorte bilden die Glanzpunkte im Neckartal, durch das die Burgenstraße, eine der bedeutendsten europäischen Ferienstraßen, führt. Stille Wälder, aussichtsreiches Grünland und tief eingeschnittene Täler prägen das Mittelgebirge beidseits des Flusses. Wo der Neckar bei Heidelberg an der Westgrenze des Naturparks den Odenwald verlässt, kreuzen sich Burgen- und Bergstraße, im Osten bilden die Muschelkalkhochflächen des Baulands die Grenze, während sich im Süden der Kraichgau erstreckt und im Norden der Naturpark Bergstraße-Odenwald anschließt. Mit einer Fläche von 1.290 qkm ist der Naturpark Neckartal-Odenwald einer der größten Naturparke Baden-Württembergs. Das Naturpark-Informationszentrum und der Verwaltungssitz befinden sich in der Stauferstadt Eberbach im Neckartal.

Info: Naturpark Neckartal-Odenwald e. V., Kellereistr. 36, 69412 Eberbach, Tel 06271-72985, (www.wald-online-bw.de/4erlebnis/3angebotewalderlebnis/5naturparke/naturpark_neckar.htm)

Hauptausgangsorte

Bensheim

Die Weinstadt Bensheim an der Lauter am Fuß des Vorderen Odenwalds ist mit 40.000 Ew. die größte Stadt und das Wirtschafts- und kulturelle Zentrum der hessischen Bergstraße. Restaurierte Fachwerkhäuser und ehemalige Adelshöfe prägen die Altstadt, der Hessische Staatspark Fürstenlager im Stadtteil Auerbach war einer der frühesten englischen Landschaftsparks in Deutschland, und die mächtige Ruine des Auerbacher Schlosses ist die bedeutendste Burganlage der nördlichen Bergstraße.

Info: Tourist-Information Bensheim, Rodensteinstraße 19, 64625 Bensheim an der Bergstraße, Tel 06251-14117, (www.bensheim.de)

Darmstadt

Die kreisfreie Stadt Darmstadt

Auskunft

Fremdenverkehrsverband Odenwald-Bergstraße-Neckartal
Marktplatz 1, 64711 Erbach/Odenwald, Tel 06062-943330

Fremdenverkehrsamt Kreis Bergstraße (c/o Verein Naturpark Bergstraße-Odenwald e.V.)
Nibelungenstr. 41, 64653 Lorsch, Tel 06251-585253, www.kreis-bergstrasse.de

TouristikService Odenwald-Bergstraße
Marktplatz 1, 64711 Erbach, Tel 06062-943330, www.odenwald.de

Die Torhalle in Lorsch steht als Weltkulturerbe unter dem Schutz der UNESCO. In Lorsch hat die Verwaltung des Naturparks Bergstraße-Odenwald ihren Sitz.

(140.000 Ew.) am Nordwestrand des Odenwalds ist eines der bedeutendsten Jugendstilzentren in Deutschland. Der von den Grafen von Katzenelnbogen gegründete Burgort am nördlichen Ausgangspunkt der Bergstraße kontrollierte den Handel zwischen Frankfurt und Heidelberg und wurde 1330 zur Stadt erhoben. Die Glanzzeit begann, als die Landgrafen von Hessen 1567 Darmstadt zur Residenz machten, 1688 begann der Ausbau zur Barockresidenz (Schloss 14.–17. Jh.), die »große Landgräfin« Karoline versammelte hier ab 1771 den »Kreis der Empfindsamen«, dem u. a. Klopstock, Herder, Wieland und der junge Goethe angehörten. Ein neuer Wachstumsschub erfolgte nach der Umwandlung der kleinen Landgrafschaft in das territorial fast doppelt so große Großherzogtum Hessen im Jahr 1806. An der Wende zum 20. Jh. entwickelte sich Darmstadt durch die Darmstädter Künstlerkolonie zu einem Zentrum des Jugendstils (Mathildenhöhe).

Info: Stadt- und Touristikmarketing ProRegio Darmstadt, Im Carree 4 A, 64283 Darmstadt, Tel 0651-95150 0, (www.darmstadt.de)

Eberbach

Die Stauferstadt Eberbach an der Burgenstraße im Neckartal ist Verwaltungssitz des Naturparks Neckartal-Odenwald. Bis heute ist die Form der staufischen Altstadt (1227) mit ihren vier Ecktürmen aus dem 15. Jh. erhalten. Hoch über der Stadt erheben sich die Ruinen der Eberbach-Burgen.

Ein Informationspavillon überdacht den »Heidenloch« genannten Schacht am keltischen Ringwall auf dem Heiligenberg von Heidelberg.

Info: Tourist Information Stadt Eberbach, Kellereistraße 36, 69412 Eberbach, Tel 06271-4899, (www.eberbach.de)

Erbach

Die »Elfenbeinstadt« Erbach (14.300 Ew.) ist Luftkurort im Mümlingtal und Kreisstadt des hessischen Odenwaldkreises. Im Mittelpunkt der historischen Residenzstadt steht das aus einer Wasserburg hervorgegangene Schloss der Grafen zu Erbach-Erbach. Das Schlossmuseum beherbergt bedeutende Kunstsammlungen, darunter Funde aus Herculaneum und Tivoli sowie mittelalterliche Glasmalereien, der Rittersaal dokumentiert das Waffenarsenal des deutschen Rittertums, die Gewehrkammer die Entwicklung der Handfeuerwaffen; die Geweihsammlung in der Hirschgalerie ist eine der bedeutendsten in Europa. Mit mehr als 2.000 Exponaten dokumentiert das Deutsche Elfenbeinmuseum Erbach als einziges Spezialmuseum dieser Art weltweit alles über Elfenbein – vom Werkstoff bis zum erlesenen Kunstwerk. **Info:** Touristikzentrum Erbach, Marktplatz 1, 64711 Erbach, Tel 06062-94330, (www.erbach.de)

Heidelberg

Die im Zweiten Weltkrieg unzerstört gebliebene Universitätsstadt Heidelberg (140.000 Ew.) ist mit ihrer Verbindung aus Architektur, Flusslandschaft und hoch aufragenden Bergen eine der schönsten Städte Deutschlands. Als »Meisterwerk der menschlichen Schöpferkraft« und »außergewöhnliches Zeugnis einer kulturellen Tradition« steht sie auf der Liste jener Objekte, die von der UNESCO zum Weltkulturerbe erklärt werden sollen. Am besten lässt sich der »Heidelberger Dreiklang« aus Altstadt, Fluss und Bergen vom Philosophenweg aus überblicken, der im Sonnenhang des Heiligenbergs verlaufenden berühmtesten Promenade des Neckartals. Eng verbunden ist der Philosophenweg mit Heidelberg als einem Zentrum der deutschen Romantik: Die Altstadt, die Universität, die Schlossruine und die umgebende Landschaft bilden jenes unverwechselbare, romantisch verklärte Ensemble, dem Heidelberg seine weltweite Berühmtheit verdankt. 1386 wurde in Heidelberg die erste Universität Deutschlands gegründet, heute sind fast ein Viertel aller Einwohner im Zentrum des Rhein-Neckar-Dreiecks Studenten. Das 1196 erwähnte Heidelberg besteht aus den zum Teil ebenfalls sehr alten und traditionsreichen Stadtteilen Altstadt, Bergheim, Boxberg, Emmertsgrund, Handschuhsheim, Kirchheim, Neuenheim, Rohrbach, Schlierbach, Südstadt, Weststadt, Wieblingen und Ziegelhausen.

Info: Tourist Information, am Hauptbhf., Willy-Brandt-Platz 1, 69115 Heidelberg, Tel 06221-19433, (www.heidelberg.de; www.cvb-heidelberg.de)

Heppenheim

Die Weinstadt Heppenheim (25.000 Ew.) an der Bergstraße verfügt über eines der schönsten Altstadtbilder in Deutschland. Die malerische Kulisse des Luftkurorts mit Fachwerkhäusern des 15.–17. Jh., dem Marktplatz mit der Rathaus-Renaissancehalle und dem Bergsträßer Dom sowie dem Blick hinauf auf die Weinberge und die Starkenburg ist aus Dutzenden von Spielfilmen bekannt (»Die Feuerzangenbowle«, »Emil und die Detektive«). Der Weinmarkt in der Kreisstadt des Landkreises Bergstraße lockt Ende Juni alljährlich über 100.00 Besucher an. Mehr als 40.000 Festspielbesucher kommen alljährlich in dem Amtshof, in dessen Räumlichkeiten 1948 die FDP gegründet wurde. Das Martin-Buber-Haus ist als Sitz des Internationalen Rats der Christen und Juden (ICCJ) ein Zentrum christlich-jüdischer und deutsch-jüdischer Begegnung.

Info: Fremdenverkehrsbüro Heppenheim, Großer Markt 3, 64646 Heppenheim, Tel 06252-13171, (www.heppenheim.de)

Michelstadt

Die Stadt Michelstadt (16.000 Ew.) im Mümlingtal mit einer der schönsten deutschen Fachwerkaltstädte (spätgotisches Rathaus von 1484, Odenwaldmuseum in der Kellerei) ist Luftkurort und Fremdenverkehrszentrum im Buntsandsteinodenwald an der Nibelungen-, der Deutschen Fachwerk- und der Deutschen Ferienstraße. Die Einhardsbasilika (9. Jh.) im Stadtteil Steinbach ist einer der wenigen gut erhaltenen karolingischen Sakralbauten Deutschland. Schloss Fürstenau mit dem von der Mümling durchflossenen Landschaftsgarten zählt zu den schönsten deutschen Schlössern. **Info:** Verkehrsamt Michelstadt, Marktplatz 1, 64720 Michelstadt, Tel 06061-979997, (www.michelstadt.de)

Miltenberg

Die Kreisstadt Miltenberg (10.000 Ew.) im Maintal am Fuß des Buntsandsteinodenwalds verfügt als »Stadt in Holz« über eines der prachtvollsten Fachwerk-Altstadtbilder Deutschlands. Weltberühmt ist der »Schnatterloch« genannte Marktplatz mit dem Renaissancebrunnen (1583), der Alten Mainzer Amtskellerei (1541, Stadtmuseum) und dem Alten Rathaus (1379). Das reich verzierte Gasthaus »Zum Riesen« (1590) in der Hauptstraße zählt zu den ältesten Gasthäusern in Deutschland; Kaiser Barbarossa übernachtete 1158 in dieser »Fürstenherberge« ebenso wie nach ihm Kaiser Friedrich III., Götz von Berlichingen, König Gustaf Adolf von Schweden, Tilly und Wallenstein. Überragt wird die Stadt von der gut erhaltenen Mildenburg.
Info: Tourist-Information Miltenberg, Engelplatz 69, 63897 Miltenberg, Tel 09371-404119, (www.miltenberg.de)

Mosbach

Die Große Kreisstadt Mosbach (25.100 Ew.) an Elz und Neckar am Übergang der südöstlichen Ausläufer des Odenwald zum Bauland besticht durch ein hervorragend erhaltenes Altstadtbild mit zahlreichen Fachwerkhäusern des 16.–18. Jh. Das Palmsche Haus (1610) mit seinem dreigeschossigen Erker und der reichen Ornamentierung gilt als einer der prachtvollsten Fachwerkbauten Süddeutschlands. Das spätgotische Rathaus (1558) mit dem Rathausturm, das Alte Hospital (1470, Kulturzentrum) und der Klostergarten sind weitere Anziehungspunkte.
In der spätgotischen Simultankirche (14. Jh.) am Marktplatz trennt eine Mauer das evangelische Kirchenschiff vom katholischen Chor. Das Tempel- bzw. Templerhaus in Neckarelz, dem an der Mündung der Elz in den Neckar gelegenen Stadtteil, wurde angeblich auf den Fundamenten eines römischen Tempels errichtet; es erhielt 1297–1350 seine im Wesentlichen bis heute erhaltene Gestalt.
Info: Tourist-Information Mosbach, Am Marktplatz, 74821 Mosbach, Tel 06261-91880, (www.mosbach.de)

Weinheim

Die Große Kreisstadt Weinheim (41.500 Ew.) mit dem dendrologisch einzigartigen Exotenwald neben dem Schlosspark erfreut mit einem der schönsten historischen Ortsbilder an der Bergstraße. Zentrum ist der um 1250 angelegte Marktplatz mit dem Alten Rathaus (1566) und dem prachtvollen Fachwerkbau der

Löwen-Apotheke (16. Jh.) sowie der barocken evangelischen Stadtkirche und der katholischen Laurentiuskirche, deren Turm (1850) zu den Wahrzeichen der Stadt zählt. Das barocke Deutschordenshaus (1710) beherbergt das Stadtmuseum.
Überragt wird Weinheim von der Wachenburg (1907–28) und der Ruine der Windeck (12. Jh.).
Info: Verkehrsverein Weinheim, Bahnhofstr. 15, 69469 Weinheim, Tel 6201-991117, (www.weinheim.de)

Zwingenberg/Bergstraße

Zwingenberg (6.200 Ew.), die älteste Stadt an der Bergstraße, ist ein Juwel der Fachwerkkunst mit zahlreichen Häusern aus den Jahrzehnten nach der Zerstörung durch die Franzosen (1693). Wahrzeichen ist die Bergkirche (1258) in beherrschender Lage oberhalb der Altstadt. Hausberg ist der Melibocus, der höchste Berg der Bergstraße und »König des Odenwalds«.
Info: Fremdenverkehrsamt der Stadt Zwingenberg, Untergasse 16, 64673 Zwingenberg, Tel 06251-700322, (www.zwingenberg.de)

Sehenswürdigkeiten und Ausflugsziele

Dilsberg und die Neckarsteinacher Burgen

Stadt und Feste Dilsberg auf einem Bergkegel hoch über dem Neckar und die gegenüber am rechten Flussufer liegende Vier-Burgen-Stadt-Neckarsteinach bilden eines der schönsten Burgen-

Der Markplatz in Zwingenberg wird überragt von der Kirche.

Franken-Hessen-Kurpfalzweg

Der Franken-Hessen-Kurpfalz-Weg, auch bekannt unter dem Namen seines Markierungszeichens als »Rote-Kreuz-Weg«, zählt zu den beliebtesten Weitwanderwegen im Odenwald. Er beginnt in Aschaffenburg am Main, tritt bei Großostheim in den Naturpark Bergstraße-Odenwald ein, überquert das Gebirge in Nord-Süd-Richtung auf alten Höhenwegen und erreicht nach 80 km ab Großostheim Hirschhorn im Neckartal. Von hier führt er weiter nach Dilsberg und Neckargemünd, überquert bei Speyer den Rhein und endet auf der Burg Lichtenberg in der Pfalz.

An den Wegen im Odenwald finden sich vielfach noch alte Wanderrichtungssteine.

Rhein-Neckar-Weg

Der Rhein-Neckar-Weg führt auf einer Länge von etwa 210 km von der Mündung des Mains in den Rhein stromaufwärts nach Mannheim, wo der Neckar in den Rhein mündet, und leitet dann durch den Ballungsraum Rhein-Neckar nach Heidelberg, wo die attrative Neckartalwanderung nach Gundelsheim beginnt. Den Höhepunkt des vom Odenwaldklub betreuten und mit dem Buchstaben »rotes R« markierten Weitwanderwegs bildet das Neckartal, in dem der Rhein-Neckar-Weg durchgehend der sonnigen rechten Talseite folgt – meist auf bequemen Wegen, zuweilen auch auf romantischen Wurzelpfaden. Organisatorisch ist die Neckartaletappe für Einzeletappenwanderer wegen der durchgehenden Bahnverbindung attraktiv; langsamer als die Bahn, dafür romantische Verkehrsmittel sind die Neckar-Ausflugsschiffe.

Alsbacher Schloss (Alsbach-Hähnlein): aussichtsreiche Ruine am Burgenweg oberhalb der Bergstraße ▶ S. 37

Auerbacher Schloss (Bensheim-Auerbach): bedeut. Burganlage der nördlichen Bergstraße ▶ S. 39

Dallau (Elztal): Schloss, Wahrzeichen des gleichnamigen Orts im Elztal ▶ S. 103

Darmstädter Schloss: ehem. Residenzschloss (14.–17. Jh.), Schlossmuseum.

Dilsberg (Neckargemünd): mittelalterliche Stadt und Feste auf einem Bergkegel hoch über dem Neckar ▶ S. 16

Eberbach: staufische Ruinen oberhalb der Stadt.

Erbach: Schloss der Grafen zu Erbach-Erbach mit Schlossmuseum.

Eulbach (Michelstadt): Jagdschloss (1770) mit Landschaftspark ▶ S. 119

Frankenstein (Mühltal): nördlichste Burg des Vorderen Odenwalds ▶ S. 23

Fürstenau (Michelstadt): zum Schloss umgebaute ehem. Wasserburg an der Mümling mit berühmtem Landschaftspark.

Fürstenlager (Bensheim-Auerbach): ehem. Sommerresidenz der Großherzöge von Hessen-Darmstadt in einem Landschaftspark ▶ S. 43

Guttenberg (Haßmersheim): eine der ältesten und – da nie erobert und zerstört – besterhaltenen Neckarburgen.

Hainhaus (Michelstadt): ehem. Jagdhaus (18. Jh.) mit barocken Steinsesseln ▶ S. 117

Heidelberg: Schlossruine im Hang des Königstuhls, eines der Symbole des Neckartals und der deutschen Romantik.

Heiligenberg (Seeheim-Jugenheim): neoklassizistische Burganlage, heute Fortbildungs- und Kulturzentrum ▶ S. 27

Hirschhorn: Im Renaissancestil wieder aufgebaute Burg (1586) der Herren von Hirschhorn ▶ S. 85

Hirschburg (Hirschberg): Ruine eines Rundlings aus der Zeit um 1150 am Burgenweg ▶ S. 63

Hornberg (Neckarzimmern): Götz-von-Berlichingen-Burg im Hang über dem Neckartal ▶ S. 101

Horneck (Gundelsheim): Deutschordensburg (15.–18. Jh.), das nach dem Heidelberger größte Neckartalschloss ▶ S. 99

Jossa (Seeheim-Jugenheim): Ruine am Burgenweg ▶ S. 36

Lichtenberg (Fischbachtal): Renaissanceschloss mit landeskundlichem Museum ▶ S. 29

Lindenfels: Die im Ursprung staufische Burganlage wurde nie erobert ▶ S. 110

Mildenburg (Miltenberg): gut erhaltene Burg oberhalb von Miltenberg.

Minneburg (Neckargerach): eine der eindrucksvollsten und aussichtsreichsten Burgruinen über dem Neckartal ▶ S. 95

Neckarsteinach: Vier-Burgen-Stadt am Neckar (Schwalbennest, Hinterburg) ▶ S. 16

Otzberg: Der Basaltkegel trägt seit ca. 1200 eine Gipfelburg, die im 16. Jh. festungsartig ausgebaut wurde ▶ S. 114

Reichenberg (Reichelsheim): Um 1240 von den Herren von Erbach auf einem steil zum Gersprenztal abfallenden Bergkegel errichtet und ab dem 16. Jh. zum Schloss umgebaut ▶ S. 113

Rodenstein (Fränkisch-Crumbach): eine der bekanntesten Burgen des Odenwalds, Namensgeberin des Rodensteiner Lands ▶ S. 29

Schanzenköpfle (Hirschberg): Ruine im Westhang der hohen Hohen Waid zwischen Schriesheim und Leutershausen auf einem Sporn, der auf 406 m nach Süden vorspringt und nach drei Seiten steil abfällt ▶ S. 63

Schauenburg (Dossenheim): Stammburg der Grafen von Schauenburg ▶ S. 69

Starkenburg (Heppenheim): aussichtsreiche Ruine oberhalb von Heppenheim ▶ S. 47

Stolzeneck (Eberbach): Die Burg (Ruine) mit mächtiger Schildmauer wurde auf einem nach drei Seiten steil abfallenden Bergsporn 80 m über dem Neckartal errichtet, vermutlich kurz nach 1200 als staufische Reichsburg.

Strahlenburg (Schriesheim): Aussichtsreiche Ruine mit 27 m hohem Bergfried ▶ S. 69

Tannenberg (Seeheim-Jugenheim): Ruine am Burgenweg oberhalb von Seeheim ▶ S. 27

Tiefburg (Heidelberg-Handschuhsheim):teilweise wieder aufgebaute Ruine beim »Schlösschen« ▶ S.71

Wachenburg (Weinheim): 1907–13/1928 im neoromanischen »Burgenstil« errichtet ▶ S. 57

Waldleiningen (Mudau): Neugotisches Schloss (1828–47) im Stil englischer Landsitze, heute Sanatorium.

Weinheim: Schlosspark und Exotenwald beim ehem. Schloss (16.–19. Jh., Rathaus) ▶ S. 17 und 56-57

Wildenburg (Kirchzell): hochmittelalterliche staufische Burgruine (1200–20), in der Wolfram von Eschenbach Teile seines »Parzival« geschrieben hat.

Windeck (Weinheim): zweitälteste Burg an der Bergstraße ▶ S. 57

Zwingenberg: Die spätgotische Burg Zwingenberg ist eine der besterhaltenen Burgen des Neckartals ▶ S. 93

ensembles im Neckartal. Die um 1200 erbaute Burg auf dem Dilsberg, bis ins 18. Jahrhundert als Festung ausgebaut, ist seit 1827 Ruine. Die älteste der vier Burgen von Neckarsteinach ist die um 1100 als Stammburg der Herren von Steinach, der Landschaden, auf einer schmalen Felszunge über dem Zusammenfluss von Steinach und Neckar errichtete Hinterburg; die Ruine (Bergfried, Torbogen, Mauerreste) ist frei zugänglich. Bligger II. von Steinach ließ die Hinterburg in der zweiten Hälfte des 12. Jh. monumental ausbauen; Bligger II. war ein begnadeter Minnesänger, die Minneharfe findet sich im Stadtwappen von Neckarsteinach.

Die berühmteste der vier Neckarsteinacher Burgen ist die um 1250 im Steilhang südwestlich der drei anderen Burgen erbaute Burg Schadeck, wegen ihrer Hanglage auch »Schwalbennest« genannt.

Jugendstilzentrum Mathildenhöhe

1901 wurde auf der Mathildenhöhe in Darmstadt die Ausstellung »Ein Dokument deutscher Kunst« eröffnet. Mit ihr etablierte sich Darmstadt neben München als Zentrum der Jugendstilbewegung in Deutschland. Die Initiative zur Gründung der Künstlerkolonie auf der Mathildenhöhe ging von Großherzog Ernst Ludwig aus. Er berief ab 1899 Künstler und Architekten, so Peter Behrens, der mit seinem 1901 erbauten Haus in der funktionalen Konzeption und der einheitlichen Innengestaltung ein herausragendes Beispiel für die neuen Ideen schuf. Die Gesamtplanung der Mathildenhöhe oblag dem Architekten Joseph Olbrich, der für die Ausstellung das viel beachtete Ernst-Ludwig-Haus errichtete, den heutigen Sitz der Deutschen Akademie für Sprache und Dichtung. Später kamen auf der Mathildenhöhe Ausstellungsbauten und 1907 Olbrichs »Hochzeitsturm« hinzu. Die Künstlerkolonie auf der Mathildenhöhe leistete einen wichtigen Beitrag zur Ablösung des Historismus in bildender Kunst und Architektur. In der Symbiose von Jugendstilelementen und einer zukunftweisenden funktionalistischen Auffassung wirkten Olbrich, Behrens und die anderen Mitglieder der Künstlerkolonie vor allem für den deutschen Villenbau stilbildend.

Melibocus – König des Odenwalds

Der Malchen oder Melibocus bei Auerbach ist mit 517 m der höchste Berg an der Bergstraße und gilt mit seiner markanten, weit in die Rheinebene vorspringenden Gestalt als ungekrönter »König des Odenwalds«. Der Blick vom Gipfel schweift bis zum Großen Feldberg im Taunus, über die Rheinebene hinweg bis zum Donnersberg und im Süden bis in die Gegend von Speyer. Um die Bedeutung dieses Granitkolosses zu unterstreichen, ließ Landgraf Ludwig IX. auf dem Gipfel vom 16. Oktober bis 12. De-

zember 1772 den 25 m hohen Melibocusturm errichten, einen der ersten Bergtürme Deutschlands; 107 Stufen musste man erklimmen, um die herrliche Aussicht zu genießen. 1945 sprengte die Wehrmacht den Turm, auch der neue Aussichtsturm (1966) bietet ein exzellentes Panorama.
Der deutsche Name »Malchen«, erstmals erwähnt im Jahre 1012 als »mons Malscus« (»der Stolze, Hochragende«), wurde ab dem ausgehenden 15. Jh. überlagert von dem falschen Gelehrtennamen Melibocus: Der Humanist Konrad Celtis erstieg ihn während seines Studiums in Heidelberg und glaubte fälschlicherweise, den von dem griechischen Geografen Klaudios Ptolemaios erwähnten mêlibocon óros vor sich zu haben.

Weinheimer Schlosspark und Exotenwald

Der prachtvolle Baumbestand hat den Ruhm des Weinheimer Schlossparks begründet, seine dendrologischen Schätze sind weltbekannt. Zunächst angelegt im mathematisierenden Stil der französischen Parks, wurde er zur Zeit der Romantik in einen englischen Landschaftsgarten umgewandelt. Ein dendrologisches Juwel neben dem Schlosspark ist der Exotenwald. Diese für Deutschland einzigartige Sammlung seltener fremdländischer Laub- und Nadelbäume geht auf den Freiherrn Christian von Berckheim zurück, der im Jahre 1859 von einer Reise nach Kalifornien Holzarten aus dortigen Urwälder auf einer Fläche von rund 37 Hektar anpflanzte: Weihrauchzedern, Sierratannen und Mammutbäume zählen zu den dendrologischen Kostbarkeiten, die Dendrologen und Botaniker aus aller Welt nach Weinheim locken.

Die beherrschende Berggestalt des Melibocus.

1

Darmstadt – Frankenstein – Eberstadt

Von Darmstadt auf den Vorderen Odenwald

Ausgangspunkt: Bushaltestelle Botanischer Garten am Breslauer Platz in Darmstadt; hier auch Parkplätze (am Vivarium). Anfahrt auf der A5 Frankfurt am Main – Heidelberg bis zum Dreieck Darmstadt und weiter auf der B 26 durch Darmstadt.
Bus: Bushaltestelle Botanischer Garten.
Gehzeit: 4½ Std., davon knapp 4 Std zum Frankenstein.
Charakter: Leichte Waldwanderung mit zuletzt steilem Aufstieg zum Frankenstein.
Einkehr: Ludwigsklause, Bohlenmühle, Frankenstein.
Karte: Kompass Nr. 764.

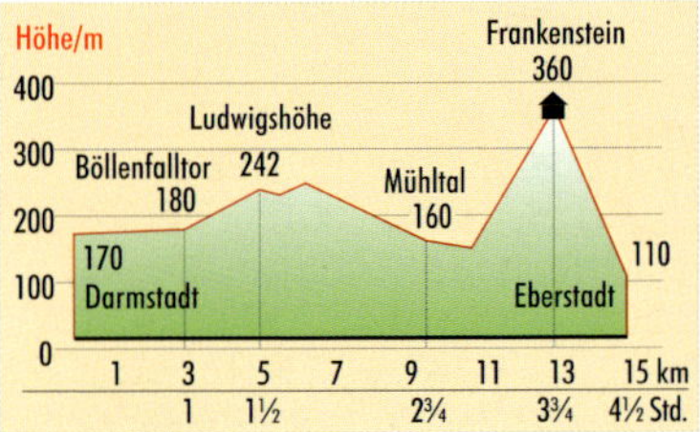

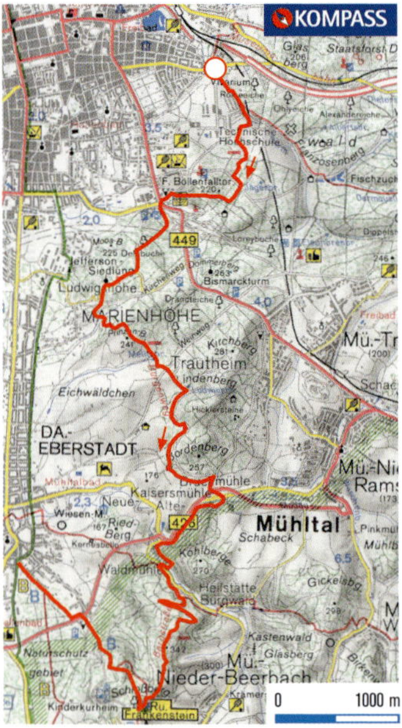

Vom Botanischen Garten und Tierpark in Darmstadt führt die Nordetappe des Weitwanderwegs Odenwald – Vogesen über sanfte Waldberge hinauf zu Burg Frankenstein, der nördlichsten Burg auf dem Vorderen Odenwald. Diese Auftaktetappe gilt als inoffizielle Verlängerung des Burgenwegs (siehe S. 25), der offiziell in Eberstadt, unserem Ziel, beginnt, und eignet sich hervorragend in Kombination mit einem Besuch Darmstadts: Die Mathildenhöhe befindet sich in unmittelbarer Nähe.
Vom Breslauer Platz in **Darmstadt** folgen wir der Heinrichstraße kurz stadtauswärts und biegen gleich rechts in den Schnampelweg (Parkplätze) ein, von nun an begleitet von der »Rotstrich«-Markierung des Weitwanderwegs Odenwald – Vogesen und von der x-Markierung des E1. Noch am **Vivarium**, dem

An den Magnetsteinen auf dem Langenberg bei Burg Frankenstein.

Darmstädter Tierpark (Schwerpunkt: Amphibien und Reptilien), trennen sich die Fernwanderwege: Während der E1 links abzweigt, folgen wir der Rotstrich-Markierung geradeaus an Kleingärten entlang, hinter den Gebäuden der **Technischen Hochschule** rechts, gelangen in die Wälder am **Dachsberg** und erreichen Straßenbahnendhaltestelle, Parkplatz und Spielplatz am **Böllenfalltor**. Hinter der Ampel tritt der Weg wieder in den Wald ein, passiert den **Goetheteich** am **Herrgottsberg** und erreicht die **Ludwigshöhe** mit dem 1882 errichteten **Ludwigsturm** (Aussichtsturm) und der **Volkssternwarte**; die **Ludwigsklause** hat täglich ab 14 Uhr geöffnet, sonntags ab 10 Uhr.

Weiter geht es im Wald zum aussichtsreichen **Prinzenberg**, auf dem eine Schutzhütte zur Rast lädt, in der nächsten Talsenke plätschert der **Melittabrunnen**, am **Waltersteich** zweigt die Rotstrichmarkierung rechts ab und führt am **Ludwigsbrunnen** vorbei zum **Mathildentempel** am Bordenberg. Nun geht es ein Stück am Waldrand entlang, dann führt der Weg rechts hinab ins **Mühltal**, wo wir die B 426 und an der Papiermühle die Modau überqueren und talabwärts zur **Bohlenmühle** wandern. Gleich darauf wechselt der Weitwanderweg links in das Beerbachtal, überquert den Bach an der Waldmühle und erklimmt in Serpentinen den Kamm des Vorderen Odenwalds. Kurz vor Erreichen von **Burg Frankenstein** (s. Tour 3) vereinigt sich der Rotstrich-Weg mit dem Burgenweg (Mark. »blaues B«), unserer Abstiegsroute: Wie bei Tour 3 in umgekehrter Richtung beschrieben, führt er durch die Wälder hinab zur Straßenbahnhaltestelle am Friedhof in Darmstadt-**Eberstadt**.

Ober-Ramstadt – Felsberg – Lautertal

Auf dem E 1 in den Odenwald

Ausgangspunkt: Bhf. Ober-Ramstadt. Anfahrt auf der A5 Frankfurt am Main – Heidelberg, Ausfahrt Pfungstadt und weiter auf der B 426 nach Ober-Ramstadt.
Bahn: Bahnverbindung Darmstadt – Ober-Ramstadt.
Gehzeit: 4½ Std, davon 4 Std bis zum Felsberg.

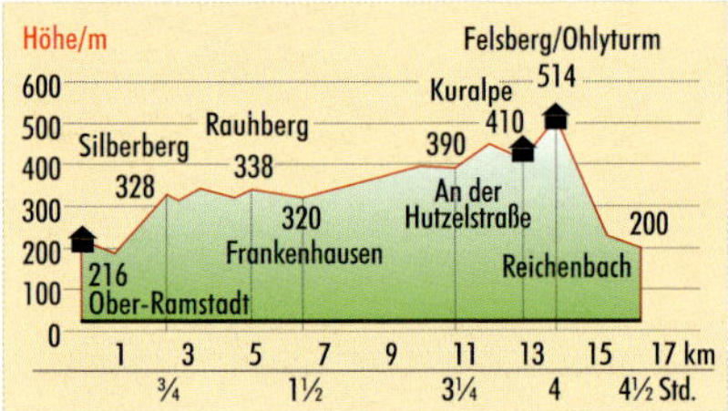

Charakter: Gemütliche Wald- und Wiesenwanderung.
Einkehr: Ober-Ramstadt, Kuralpe, Felsberg, Lautertal.
Karte: Kompass Nr. 764.

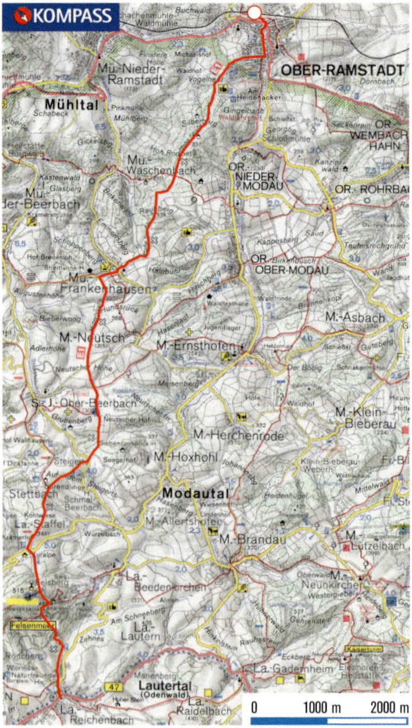

Von Ober-Ramstadt im Modautal führt der E1 auf bequemen Wegen durch die Wälder und aussichtsreichen Wiesenfluren des nordwestlichen Odenwalds zum Felsberg, an dessen Fuß Lautertal das Etappenziel bildet.

Vom Bhf. **Ober-Ramstadt** folgen wir der Mark. »x« des E1 und der Mark. »Blaustrich« des nach Knoden und Wiesenbach weiterführenden Wanderwegs südwärts durch die Geburtsstadt des Physikers und Schriftstellers Georg Christoph Lichtenberg (1742–99), dessen Leben und Wirken im Heimatmuseum, einem

Fachwerkhaus (1732), gewürdigt wird. Während der Blaustrich weiter talaufwärts führt, zweigt der E1 bald rechts ab und taucht nach Überqueren der B 426 in die Wälder am **Silberberg**, dessen Name an die Bergbautätigkeit im 16. Jh. erinnert. Eine Schutzhütte lädt zur Rast, in den umgebenden Wäldern finden sich Hügelgräber (»Heidenäcker«). In kaum merklichem Auf und Ab führt der E1 auf der Hohen Straße weiter durch die Wälder. Nach dieser Waldpassage erwartet ab dem Dorf Mühltal-**Frankenhausen** eine sonnige Passage in aussichtsreicher Wiesenflur auf der sog. Hutzelstraße. Wenn die Hutzelstraße, ein alter Grenzweg, die Landstraße Ober-Beerbach – Beedenkirchen gequert und das Waldgebiet **Auf dem Steigerts** passiert hat, vereinigt sich der mit »roter Strich« markierte Weitwanderweg Odenwald – Vogesen mit dem E1, auf einem Teerweg geht es zur **Kuralpe**, dort nach links zum Naturpark-Wanderparkplatz, dann ist nach kurzem steilerem Aufstieg im Wald als nächste Einkehrmöglichkeit das Waldrestaurant **Felsberg** an der 1892 gepflanzten **Gabelsberger-Linde** in unmittelbarer Nähe des **Ohlyturms**, eines Aussichtsturms (derzeit nicht besteigbar), erreicht. Hier beginnt der Abstieg von E1 und Vogesen-Weitwanderweg durch das **Reichenbacher Felsenmeer**; der Vogesen-Weitwanderweg verabschiedet sich schon bald rechts Richtung Teufelsberg, während der E1 durch das Felsenmeer und hinab nach **Lautertal** führt. In Lautertal befinden sich Bushaltestelle und Unterkunftsmöglichkeiten.

Zur Fortsetzung des E1 nach Birkenau siehe Tour 14.

Der sagenumwobene, fast versunkene Hirtenstein, ein Kreuzstein im Hang des Eichelberges am E1, erinnert daran, dass sich hier einst ein heidnischer und ein christlicher Hirt gegenseitig erschlugen.

Eberstadt – Frankenstein – Seeheim

Zur nördlichsten Burg auf dem Vorderen Odenwald

Ausgangspunkt: Straßenbahnhaltestelle und Parkplatz Eberstadt/Friedhof in Darmstadt-Eberstadt. Anfahrt auf der A 5 Frankfurt am Main – Basel, Ausfahrt Seeheim-Jugenheim.
Bahn: Straßenbahnlinie 8 Darmstadt – Eberstadt – Seeheim – Jugenheim – Alsbach.
Gehzeit: Knapp 4½ Std, davon ¾ Std zum Frankenstein.

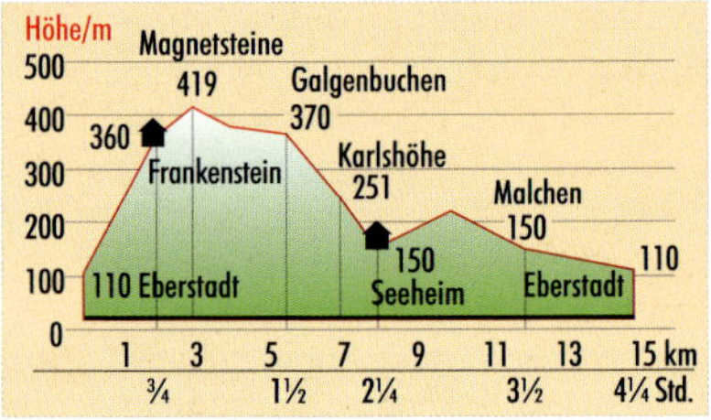

Charakter: Waldwanderung mit mehreren Aussichtsstellen.
Einkehr: Frankenstein, Seeheim.
Karte: Kompass Nr. 764.

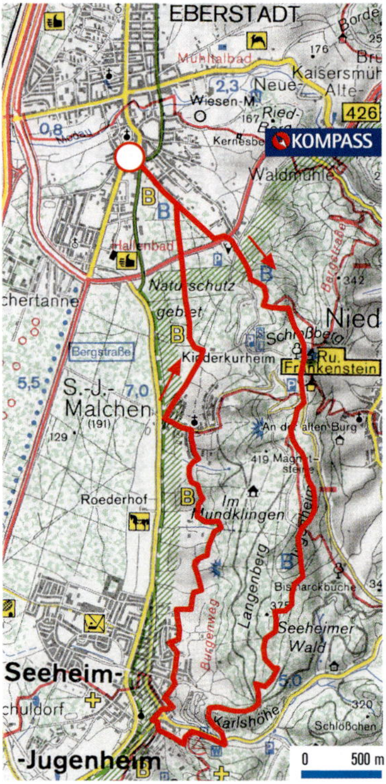

Von Darmstadt-Eberstadt führt die abwechslungsreiche Nordetappe des Burgenwegs zur imposanten Burg Frankenstein und weiter in den Luftkurort Seeheim, von wo der Blütenweg am Fuß des Gebirges nach Eberstadt zurückführt.
Wer den Burgenweg fortsetzen will, wandert wie bei Tour 4 weiter nach Jugenheim.
Von der Haltestelle in **Eberstadt** führen Burgenweg (Markierung »blaues B) und Blütenweg (Markierung »gelbes B) in zunächst gemeinsamer Routenführung auf der Palisadenstraße am Friedhof entlang und trennen sich an der ersten Verzweigung
Während der Blütenweg rechts abzweigt, führt der Burgenweg auf dem Palisadengrabenweg

Von Malchen schweift der Blick südwärts bis zum Meliobus.

geradeaus im Wald aufwärts, wendet sich vor der B 426 kurz links, überquert die Bundesstraße auf einer Fußgängerbrücke und leitet dann in spürbarem Anstieg durch die Wälder des **Schlossbergs** zur imposanten, nie zerstörten und zur Zeit der Romantik historisierend wieder hergestellten **Burg Frankenstein** mit

Burg Frankenstein

Der Frankenstein ist die nördlichste Burg auf dem Vorderen Odenwald und eine der wenigen, die nicht als Ruine, sondern als »echte« Burg erhalten sind. Die von einer spätgotischen äußeren Ringmauer mit Torturm umgebene Gipfelanlage, 1252 erstmals erwähnt, wurde nie zerstört und ab 1850 historisierend restauriert. Das Burgrestaurant bietet einen exzellenten Sonnenuntergangsblick über die Rheinebene hinweg. Bekannt wurde der Stammsitz der Herren bzw. Freiherren von Frankenstein zur Zeit der Romantik durch die Sage »Der Lindwurm am Brunnen« (1816) der Brüder Grimm: Ritter Hans von Frankenstein tötet am Brunnen von Ober-Beerbach einen Lindwurm und verliert sein Leben. In der 1850–53 wieder aufgebauten Burgkapelle befinden sich drei Grabmäler von Frankensteinern. Da der Name Frankenstein Assoziationen zur Titelgestalt von Mary Shelleys bekanntem Schauerroman (1818) weckt, ist die Burg auch ein Ziel von »Gruseltouristen«. Alljährlich zur Allerheiligenzeit bildet sie an mehreren Wochenenden den Rahmen eines Halloween-Festivals.

prachtvoller Aussicht. Hier vereinigt sich der mit dem Zeichen »Rotstrich« markierte Fernwanderweg Odenwald – Vogesen mit dem Burgenweg, beide verlassen gemeinsam den Parkplatz im Sattel südlich der Burg und trennen sich wenig später.

Hier ist zu empfehlen, dem Rotstrich links zur Felsgruppe der **Magnetsteine** zu folgen, die wegen des hohen Eisengehalts in dem Tiefengestein Gabbro eine Ablenkung der Kompassnadel bewirkt. Bald darauf mündet der Rotstrich-Weg wieder auf den Burgenweg, und dieser führt zu den **Galgenbuchen**. Die beiden Buchen weisen einen Stammumfang von 2,20 m auf und sind in einer Höhe von etwa 3 m durch einen horizontalen Ast miteinander verwachsen; ein Ring aus Felsbrocken umgibt das Naturdenkmal.

Nun senkt sich der Burgenweg zur **Karlshöhe** hinab, und wenn er nach Durchqueren des **Elsbachtals**, wo wir die Straße von Seeheim-Jugenheim nach Ober-

Die höchsten Zinnen von Burg Frankenstein.

An der Kirche in Seeheim geht der Blick hinauf in die Wälder, durch die der Burgenweg verläuft.

Beerbach queren, an einer Verzweigung aus dem Wald tritt, verlassen wir den Burgenweg und folgen der Gelbkreuz-Markierung hinab nach **Seeheim**, wo wenig später der Blütenweg kreuzt und uns durch den historischen Ortskern mit seinen ansehnlichen Fachwerkhäusern führt. Nach Verlassen der Bebauung führt der Blütenweg teils in aussichtsreichem Grünland, teils im Wald in das Dorf **Malchen**, überquert wenig später die Bundesstraße und erreicht den Ausgangspunkt in Darmstadt-**Eberstadt**.

Der Burgenweg

Der Burgenweg führt auf einer Länge von 80 km zu den Burganlagen, die im Mittelalter auf den Höhen des Vorderen Odenwalds die Orte an der Bergstraße am Fuß des Gebirges schützen sollten. Auf seinem Weg von Darmstadt-Eberstadt nach Heppenheim leitet er zu den aussichtsreichen Burgen und Ruinen auf den bewaldeten Höhen ebenso wie in die Fachwerkorte der Bergstraße, wo er mehrfach den oberhalb der Bergstraße verlaufenden »Blütenweg« kreuzt. Dank dieser Wegeführung lässt sich der Burgenweg problemlos als Streckenwanderung (mit zahlreichen Übernachtungsmöglichkeiten), dank der Verbindung mit dem Blütenweg sowie dank der guten öffentlichen Nahverkehrsinfrastruktur aber auch etappenweise begehen: Die Rückkehr zum Ausgangspunkt erfolgt dann auf dem Blütenweg oder mit Bus oder Bahn.

Seeheim – Tannenberg – Jugenheim

Burgruine Tannenberg und Kosterruine Heiligenberg

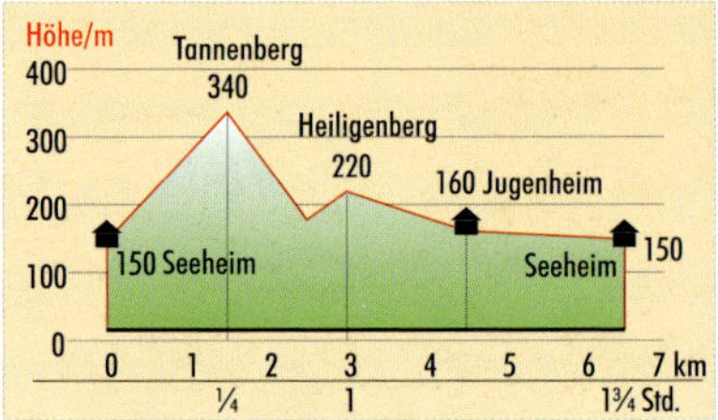

Ausgangspunkt: Straßenbahnhaltestelle Seeheim an der Alten Bergstraße in Seeheim-Jugenheim, P in der Nähe. Anfahrt A5 Frankfurt am Main – Basel, Ausfahrt Seeheim-Jugenheim.
Bahn: Straßenbahnlinie 8 Darmstadt – Eberstadt – Seeheim – Jugenheim – Alsbach.
Gehzeit: Knapp 2 Std.
Charakter: Gelegentlich steile Wald- und Aussichtswanderung.
Einkehr: Seeheim, Jugenheim.
Karte: Kompass Nr. 764.

Diese Wald- und Aussichtswanderung führt zu den Ruinen von Burg Tannenberg hoch über der Bergstraße und zu den Ruinen des Nonnenklosters auf dem Heiligenberg, wo mit dem »Goldenen Kreuz« das Wahrzeichen Jugenheims steht und eine 900 Jahre alte Linde wächst.

Von der Straßenbahnhaltestelle leitet die Gelbkreuz-Mark. des Saar-Rhein-Main-Wegs durch das historische Ortszentrum von **Seeheim** mit zahlreichen Fachwerkhäusern bergwärts, vereinigt sich am Waldrand mit dem Burgenweg (blaues B) und führt im Wald steil hinauf zu den Ruinen von **Burg Tannenberg**. Vom Kegel des Tannenbergs führt der Burgenweg im Wald hinab in das **Stettbachtal**, wo der sanfte Gegenanstieg auf den **Heiligenberg** mit seinen zahlreichen Sehenswürdigkeiten beginnt. Der Heiligenberg war mutmaßlich eine uralte Kultstätte. Vermutlich Konrad II. von Bickenbach und seine Frau Ruda von Falkenstein stifteten das 1264 erstmals genannte Nonnenkloster auf dem Berg. **Kloster Heiligenberg**, das nur wenige Schwestern beherbergte, wurde bereits 1413 aufgehoben und verfiel, die alte **Zentgerichtslinde** neben dem Kloster (sie ist heute etwa 900 Jahre alt) wurde weiterhin für Gerichtsverhandlungen genutzt.

1831 ließ Großherzogin Wilhelmine (1788–1836) die Ruine der Klosterkirche sichern. Zum Andenken an die Großherzogin ließen ihre Kinder das 1866 eingeweihte **Goldene Kreuz** (ein vergoldetes Kreuz auf

Die Ruine der gotischen Klosterkirche auf dem Heiligenberg.

einem Sockel aus schwarzem Syenit) errichten; es gilt als Wahrzeichen Jugenheims. 1894 wurde das **Mausoleum** für Prinz Alexander von Hessen (1823–88) und seine Frau Julie Prinzessin von Battenberg (1825–95) errichtet; heute ruhen die Stammeltern der Battenberger (= Mountbatten) in den Gräbern neben dem Goldenen Kreuz. 1863–77 ließen die Battenberger die neoklassizistische Vierflügelanlage **Schloss Heiligenberg** errichten. Während sie im 19. Jh. Treffpunkt von Fürstlichkeiten, darunter des russischen Zaren, war, ist sie heute Sitz des Hessischen Instituts für Lehrerfortbildung; im Gartensaal finden Kunstausstellungen und Konzerte statt. Vom Heiligenberg führt der Burgenweg aussichtsreich – rechts die kleine **Bergkirche** (1263/1856) – hinab nach **Jugenheim** und trifft dort auf den Blütenweg (Mark. »gelbes B«), dem wir rechts zurück nach Seeheim folgen.

Burg Tannenberg

... auf dem gleichnamigen Bergkegel oberhalb von Seeheim, 1239 als »Burg Seeheim« erstmals erwähnt, sollte das südliche Amtsgebiet Ulrichs von Münzenberg gegen die Ansprüche des Mainzer Erzbischofs sichern.
In der Folgezeit verkam die Burg zum Raubritternest und wurde im Sommer 1399 durch Artilleriebeschuss zerstört; sie soll die erste deutsche Burg gewesen sein, die durch Schießpulver zerstört wurde, heute sind noch Mauer- und Fundamentreste sichtbar. Bei Grabungen wurde 1849 die bronzene Tannenberger Handbüchse entdeckt, eine der ältesten Handfeuerwaffen der Welt (Länge: 32 cm; Kaliber: 14,3 mm). Sie befindet sich im Germanischen Nationalmuseum in Nürnberg.

Fischbachtal – Neunkircher Höhe – Rodenstein

Über den höchsten Berg des hessischen Odenwalds

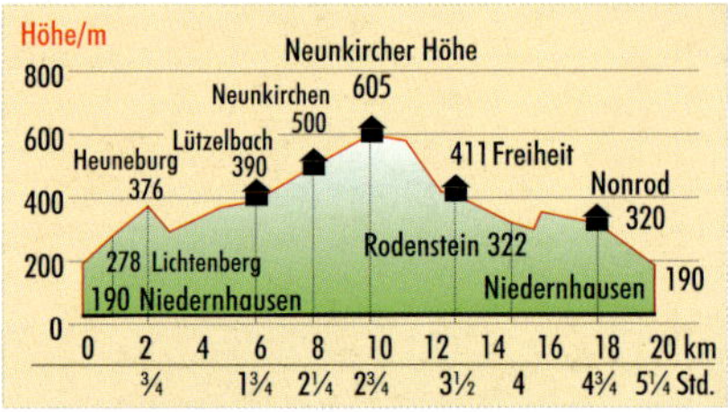

Ausgangspunkt: Bushaltestelle und Parkmöglichkeiten in Fischbachtal-Niedernhausen. Anfahrt auf der A5 Frankfurt am Main – Heidelberg, Ausfahrt Pfungstadt und weiter auf der B 426 nach Ober-Ramstadt, von dort auf Landstraßen nach Fischbachtal.
Bus/Bahn: Aus Richtung Erbach bis Ober-Ramstadt Bahnhof, dann mit Linie K 56 bis Lichtenberg Waldstraße. Aus allen anderen Richtungen bis Darmstadt Hauptbhf. und dann mit Linie K 56 bis Lichtenberg Waldstraße oder mit Linie K 55 bis Niedernhausen Linde.
Gehzeit: Gut 5 Std, davon knapp 3 Std bis zur Neunkircher Höhe.
Charakter: Abwechslungsreiche, ruhige Wiesen- und Waldwanderung.
Einkehr: Lützelbach, Neunkirchen, Neunkircher Höhe, Freiheit Laudenau, Höllerheck, Nonrod.
Karte: Kompass Nr. 764.

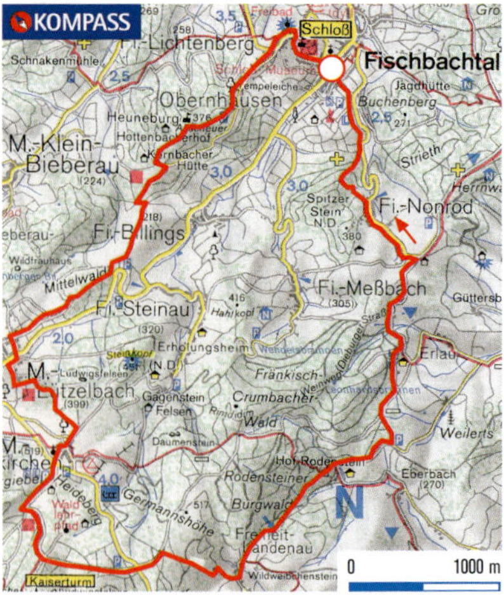

Vom Renaissanceschloss Lichtenberg hoch über dem Fischbachtal führt diese Wald- und Panoramawanderung auf die Neunkircher Höhe, den höchsten Berg des hessischen Odenwalds; der Rückweg führt über Burg Rodenstein.

Von Fischbachtal-**Niedernhausen** leiten die Mark. »Gelbkreuz« und »F1« hinauf zum imposanten **Schloss Lichtenberg**. Vom Schloss folgen wir dem »roten Quadrat« (weist bis zur Neunkircher Höhe die Route) durch den Ort **Obernhausen** und treten bei der **Tempeleiche** in die Buchenwälder der **Altscheuer** ein, auf der in der **Heuneburg** genannten

Im Nord- und Nordwesthang der Altscheuer fließt auf 400 m Länge und 100 m Breite ein Granit-Felsenmeer talwärts.

keltischen Ringwallanlage eine Schutzhütte zur Rast lädt.
Im Wechsel von Laubwäldern und aussichtsreichem Wiesenland führt »rotes Quadrat« weiter in das Dorf Modautal-**Lützelbach**, wo der Aufstieg in das aussichtsreich gelegene Bergdorf **Neunkirchen** beginnt. Nach Queren der Landstraße taucht der Weg wieder in Wald ein und erreicht kurz nach Passieren der **Gersprenzquelle** die von alten Buchen bestandene **Neunkircher Höhe**, auf der der **Kaiserturm** Rundschau gewährt und die höchstgelegene Gaststube des Odenwalds zur Einkehr lädt.
Vom Aussichtsturm kehren wir auf demselben Weg zurück zur Verzweigung bei der **Gersprenzquelle** und folgen dem Nibelungenweg (Mark. »gelbes Quadrat«) durch Wälder hinab zur **Freiheit Laudenau**. Hier verlassen wir den Nibelungenweg und folgen dem lokalen Wanderweg »6« (und FC3, der untere Weg!) vorbei am Felsmassiv **Wildweibchenstein** und am **Fallenbachfall**, dem höchsten Wasserfall des Odenwalds, zu den Ruinen von **Burg Rodenstein**. Von der imposanten Anlage folgen wir »FC3« (zugleich »Weißstrich«) abwärts im Wald und treffen am Waldrand auf die von Reichelsheim heraufführende Mark. »blaues Dreieck«, die im Wechsel von Wald und aussichtsreichen Wiesen vorbei an der **Höllerheck** (Gleitschirmflieger-Startplatz) zum Parkplatz **Nonroder Höhe** führt.
Hier übernimmt die bekannte Gelbkreuz-Markierung wieder die Routenführung und leitet hinab in das Dörflein **Nonrod** und zurück nach **Niedernhausen** im Fischbachtal.

Schloss Lichtenberg

»Uff dem lichten Berge« hoch über dem Fischbachtal wurde um 1228 eine katzenelnbogische Burg errichtet, deren Ringummauerung sich genau dem Gelände anpasste, im 13./14. Jh. bis zum Bergsattel hin erweitert und durch ein Wehrtor zusätzlich abgesichert wurde. Diese stadtähnlich aussehende Burg erhielt gewisse Sonderrechte als »Burgfreiheit Lichtenberg«. 1503 wurde der markante Geschützturm (»Krautbütt«) errichtet. Der dreiflügelige Renaissancebau wurde 1517–81 unter dem hessischen Landgrafen Georg I. durch Umbau der Burg errichtet und beherbergt ein landeskundliches Museum.

Neunkircher Höhe

Unterwegs auf dem Nibelungenweg

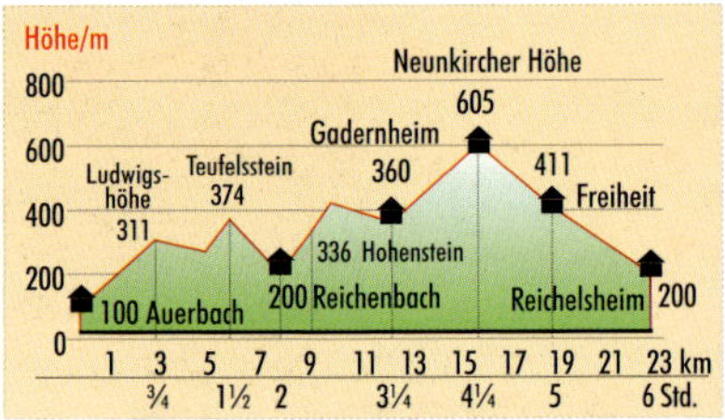

Ausgangspunkt: Bhf. Auerbach an der Bergstraße. Anfahrt auf der A 5 Frankfurt am Main – Basel, Ausfahrt Zwingenberg und weiter nach Bensheim-Auerbach.
Bahn: Bhf. der Linie Darmstadt – Zwingenberg – Bensheim – Weinheim/Heidelberg.
Gehzeit: 6 Std, davon gut 4 Std bis zur Neunkircher Höhe.
Tourencharakter: Bergwanderung auf bequemen Wegen in Wäldern und aussichtsreicher Wiesenflur.
Einkehr: Auerbach, Fürstenlager, Reichenbach, Gadernheim, Neunkircher Höhe, Freiheit, Reichelsheim.
Karte: Kompass Nr. 764.

Von Bensheim-Auerbach führt diese abwechslungsreiche Etappe des Nibelungenwegs durch den Staatspark Fürstenlager und über die Neunkircher Höhe, den höchsten Berg im hessischen Odenwald, nach Reichelsheim im Rodensteiner Land. Bis zur Neunkircher Höhe folgt dieser attraktiven Route auch die Nordvariante des E8; auf der Neunkircher Höhe führt letzterer weiter über Winterkasten in den Kurort Lindenfels.

Vom Bhf. **Auerbach** leitet die Nibelungenweg-Mark. »gelbes Quadrat« wie bei Tour 11 durch den **Staatspark Fürstenlager**, dann teils in aussichtsreichem Grünland, teils im Wald über die **Ludwigshöhe** zum **Selterswasserhäuschen** und auf den **Teufelsberg** mit dem Ehrenmal des Odenwaldklubs und erreicht gleich darauf eine größere Verzweigung (vgl. Kasten). Rechts geht es hinab nach **Reichenbach**.

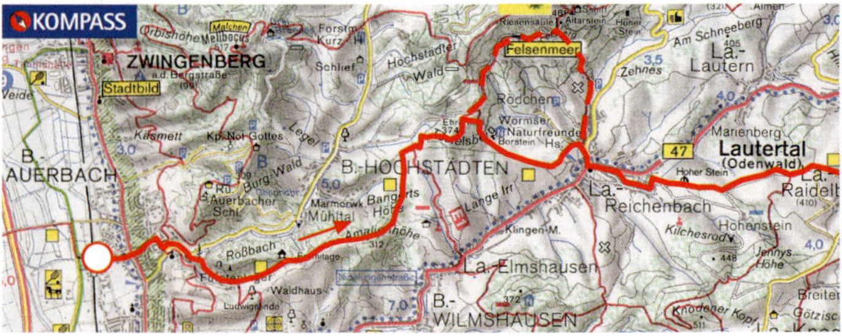

Der Borstein am Nibelungenweg.

Von Reichenbach führen Nibelungenweg und E8 durch aussichtsreiche Wiesen hinauf zum Kletterfelsen **Hohenstein** und senken sich nach Passieren der Häuser von **Raidelbach** nach **Gadernheim** hinab, wo nach Queren der Bundesstraße im Wechsel von Wiesen und Wäldern der Aufstieg zum Kaiserturm auf der von alten Buchen bestandenen **Neunkircher Höhe**, dem höchsten Berg im hessischen Odenwald und nach dem Katzenbuckel zweithöchsten des gesamten Gebirges, beginnt.
Auf der Neunkircher Höhe trennen sich Nibelungenweg und E8. Der Nibelungenweg führt nordwärts zur **Gersprenzquelle** und zweigt rechts auf einen Waldweg ab, den sog. Weinweg, wechselt bald nach Queren der Landstraße rechts auf einen schmaleren Waldweg und erreicht wenig später den aussichtsreich in Wiesen gelegenen Weiler **Freiheit**. Weiter geht es über **Laudenau** mit immer wieder erstklassigen Ausblicken über eine von Wald und Wiesen bedeckte Höhe, ehe der Abstieg nach **Reichelsheim** im Rodensteiner Land im oberen Gersprenztal erfolgt.

Felsenmeer - Variante

Während Nibelungenweg und E8 an der Verzweigung nach Passieren des Teufelsbergs rechts am Borstein vorbei nach Reichenbach hinabführen – ein schönes, bald sehr aussichtsreiches Wegstück –, kann man hier einen Abstecher durch das eindrucksvolle Reichenbacher Felsenmeer unternehmen (s. Karte Tour 7); dazu folgt man dem »Rotstrich« links, bis im Hang des Felsbergs die x-Markierung des E1 kreuzt: Letzterer führt rechts hinab durch das Felsenmeer und kreuzt unten in Reichenbach den Nibelungenweg .

Reichenbach – Felsberg – Borstein

Durch das Reichenbacher Felsenmeer

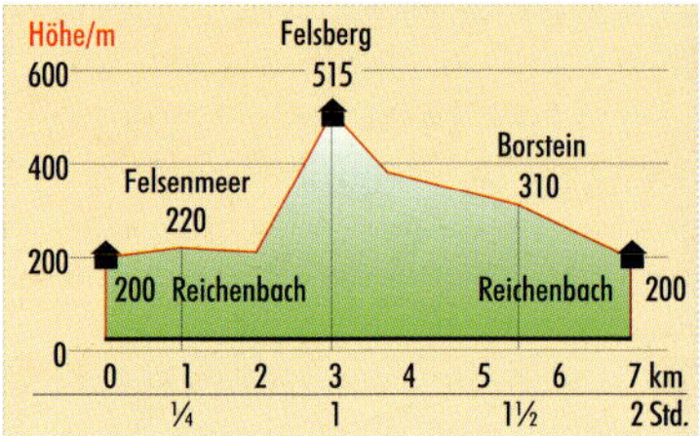

Ausgangspunkt: Lautertal-Reichenbach Rathaus. Anfahrt auf der A5 Frankfurt am Main – Heidelberg, Ausfahrt Bensheim, dann auf der B 47 (Nibelungenstraße) Richtung Bensheim/ Michelstadt.
Bus/Bahn: Direkte Busverbindung mit Bensheim (dort Bhf.).
Gehzeit: Knapp 2 Std.
Charakter: Teils steile Waldwanderung, für die gutes Schuhwerk empfehlenswert ist.
Einkehr: Reichenbach, Siegfriedquelle, Felsberg.
Karte: KOMPASS Nr. 764.

Das Reichenbacher Felsenmeer ist eines der beliebtesten Wander- und Ausflugsziele im Odenwald. Vom Marktplatz in **Reichenbach** leitet die x-Mark. des Europäischen Fernwanderwegs E1 durch die Beedenkirchener Straße und am Sportplatz vorbei zum **Parkplatz Felsenmeer**. Hier verzeichnet eine Übersichtskarte drei Rundwanderwege von einer halben bis zu 1½ Std. Die Markierungen 1, 2, 3 und »x« führen hinauf zur **Siegfriedquelle** am unteren Ansatz des ersten Felsenmeers. Hier beschreibt der Weg

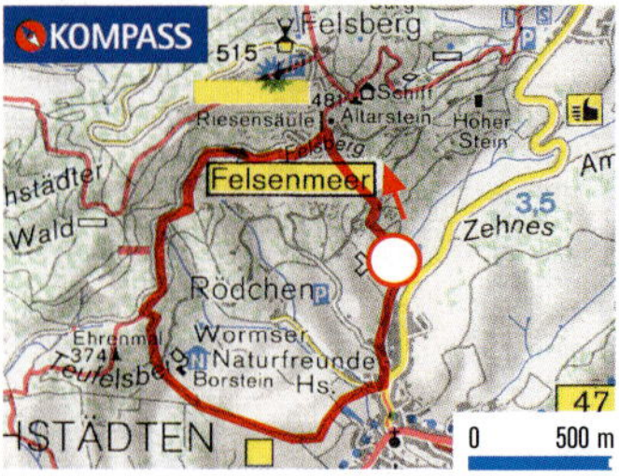

eine Linkskurve, und etwas versteckt markiert, wechselt die x-Markierung des E1 noch in der Kurve halb rechts auf einen Pfad/ Steig, der steil am Rand des Blockmeers aufwärts führt, teilweise getreppt.
Vorbei am **Krokodil** und anderen Felsformationen geht es aufwärts zu einer **Holzbrücke**, von der sich ein schöner Blick über das Felsenmeer ins Tal hinab bietet. Nach einem weiteren Stück Steigens erreicht der E1 die **Riesensäule**; dieses von römischen Steinmetzen hergestellte, 27,5 t schwere Werkstück zersprang 1980 bei der Abkühlung nach einem wilden Lagerfeuer in zwei Teile. Hier befindet sich ein Kiosk, an dem man eine Broschüre über die Geschichte des Felsbergs und seiner Steine kaufen kann. Vorbei am **Altarstein**, an dem eine Schutzhütte zur Rast lädt, geht es weiter aufwärts zu einer Wegever-

Kindern dient das Reichenbacher Felsenmeer als Abenteuerspielplatz.

zweigung: Während »x« und »Rotstrich« in wenigen Minuten hinauf zum Gasthaus auf dem Felsberg führen, zweigt die Weißstrich-Route rechts ab, passiert die Felsen **Sarg** und **Schiff** und erreicht den Parkplatz **Römersteine**; von dort gelangt man mit der Ziffer 6 auf einem Hangweg zurück zu den Felsenmeeren.

Wer eine etwas längere Rundtour unternehmen will, folgt dem »Rotstrich« des Weitwanderwegs Odenwald-Vogesen kurz abwärts und dann rechts auf einem Waldweg bis zur Verzweigung am **Teufelsberg**, auf dem sich das Ehrenmal des Odenwaldklubs befindet. Hier schließen wir uns dem »Gelben Quadrat« des Nibelungenwegs an und wandern am **Borstein** (dort ein Naturfreundehaus) vorbei aussichtsreich nach **Reichenbach** zurück

Reichenbacher Felsberg

Die berühmtesten Felsenmeere Deutschlands finden sich am Reichenbacher Felsberg im Odenwald. Die 18 Felsenmeere aus Granit-, Gneis- und Quarzdioritblöcken und Geröllen sind eine einzigartige geologische Kostbarkeit und bilden aus der Wanderperspektive ein herausragendes »Naturwunder«, für dessen Erleben wegen der Steilheit des Geländes ein wenig Kondition nicht schaden kann. Von 185 bis 375 befanden sich hier Steinbrüche und Ateliers der Römer, die Werkstücke für Bauten und Statuen in den Städten Mogontiacum (Mainz) und Augusta Treverorum (Trier) brachen und verarbeiteten. Auf Firmengeländen längs der Bundesstraße stapeln sich meterhoch die wollsackverwitterten Blöcke und warten darauf, zu Gartenzwergen, Springbrunnenputten und Friedhofssteinen verarbeitet zu werden. Zum Glück wurden im Jahr 1972 etwa 186 ha des Felsbergs als Naturschutzgebiet ausgewiesen und dem weiteren Raubbau entzogen. Derzeit ist das Naturschutzgebiet als »Erlebnisbereich Felsenmeer Lautertal« ein abenteuerspielplatzartiges Fun-Paradies für kraxelnde Kinder.

Zwingenberg – Melibocus – Felsberg – Fürstenlager

Berg-, Wald-, Park- und Weinbergwanderung

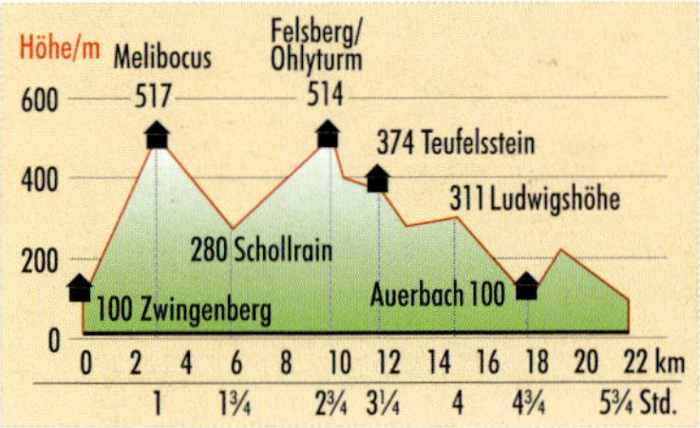

Ausgangspunkt: Bhf. Zwingenberg an der Bergstraße. Anfahrt A5 Frankfurt am Main – Basel, Ausfahrt Zwingenberg.
Bahn: Bhf. der Linie Darmstadt – Zwingenberg – Weinheim/Heidelberg.
Gehzeit: Knapp 6 Std, davon 1 Std auf den Melibocus.
Charakter: Berg-, Wald- und Panoramatour mit einigen steilen Auf- und Abstiegen.
Einkehr: Zwingenberg, Melibocus (saisonal an Wochenenden), Felsberg, Fürstenlager, Auerbach.
Karte: KOMPASS Nr. 764.

Von der Fachwerkstadt Zwingenberg, der ältesten Stadt an der Bergstraße, führt diese abwechslungsreiche Panorama- und Waldwanderung auf den aussichtsreichen Melibocus und den für seine geologischen Besonderheiten berühmten Reichenbacher Felsberg. Von dort geht es bequem hinab zum Fürstenlager, einem der bedeutendsten Parks an der Bergstraße, und auf dem Blütenweg zurück nach Zwingenberg.
Vom Bahnhof folgen wir der Mark. »Weißstrich« an den Rand der sehenswerten Altstadt von **Zwingenberg** und wandern dahinter in den Wäldern und aussichtsreichen Weinbergen des **Lucibergs** aufwärts – mit einem wundervol-

Der Melibocus ist die beherrschende Berggestalt des Vorderen Odenwalds über der Bergstraße.

len Blick über die Oberrheinebene hinweg bis zum Pfälzer Bergland und zum Pfälzerwald. Beim weiteren Aufstieg zeigt sich rechts oben das Auerbacher Schloss, dann kreuzt der »Weißstrich«-Weg den Burgenweg und leitet in urtümlichen Buchenwäldern hinauf zum **Melibocus**, auf dem sich (auch ohne eine Besteigung des Turms) erneut eine prachtvolle Aussicht westwärts öffnet. Vom Melibocus leitet der »Weißstrich« im Osthang abwärts, tritt unten im Tal in aussichtsreiches Grünland, quert am Parkplatz **Schollrain** die Landstraße und führt dann hinauf zur Gaststätte beim **Ohlyturm** auf dem **Felsberg**.

Ab hier gibt der »Rotstrich« des Weitwanderwegs Darmstadt – Vogesen die Route vor (anfangs zusätzlich das »x« des E1): Recht steil geht es abwärts im bewaldeten, von mächtigen Felsen durchbrochenen Südhang des Felsbergs, doch schon bald wechselt der »Rotstrich« rechts auf einen Hangweg und führt zum **Odenwaldklub-Ehrenmal** auf dem **Teufelsberg** mit dem Naturdenkmal **Teufelsstein**. Bald darauf verabschiedet sich der »Rotstrich«. am **Selterswasserhäuschen**, einer gemauerten Schutzhütte, an der früher Erfrischungen (»Selterswasser«) erworben werden konnten, während wir der Nibelungenweg-Mark. »gelbes Viereck« über die **Amalienhöhe** und die **Ludwigshöhe** zu den aussichtsreichen Wiesen oberhalb des Fürstenlagers folgen und dann durch den herrlichen **Staatspark Fürstenlager** nach Bensheim-**Auerbach** gelangen.

Dort wechseln wir an der Verzweigung am Schlossplatz rechts in die Schlossstraße und folgen der Blütenweg-Mark. »gelbes B« durch die Weinberge zurück nach **Zwingenberg**.

Jugenheim – Alsbacher Schloss – Zwingenberg

Zwei-Burgen-Wanderung in die älteste Stadt an der Bergstraße

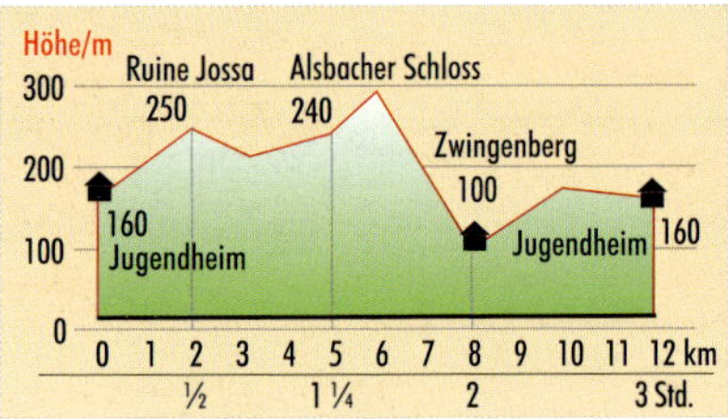

Ausgangspunkt: Anfahrt auf der A5 Frankfurt am Main – Basel, Ausfahrt Seeheim-Jugenheim.
Bahn: Straßenbahnlinie 8 Darmstadt – Eberstadt – Seeheim – Jugenheim – Alsbach.
Gehzeit: 3 Std, davon gut 1 Std bis zum Alsbacher Schloss.
Charakter: Gemütliche Waldwanderung mit mehreren hervorragenden Aussichtsstellen.
Einkehr: Jugenheim, Zwingenberg.
Karte: KOMPASS Nr. 764.

Vom Luftkurort Seeheim-Jugenheim an der Alten Bergstraße führt diese Wald- und Aussichtswanderung auf dem Burgenweg zum Alsbacher Schloss und nach Zwingenberg, die älteste Stadt an der Bergstraße. Von dort leitet der Blütenweg zurück.

Von **Jugenheim** leiten Burgen- und Blütenweg kurz in gemeinsamer Routenführung Richtung Zwingenberg, dann zweigt der mit dem Zeichen »blaues B« markierte Burgenweg bergwärts ab und taucht auf einem Forstweg in den Wald ein. Wenige Minuten oberhalb des Wegs, erreichbar auf einem ausgeschilderten Pfad, erheben sich im Wald die Ruinenreste der um 1260 erbauten **Burg Jossa** – ein romantischer Platz für eine Rast. Der Burgenweg führt in zahlreichen Windungen

Das Alsbacher Schloss am Burgenweg hoch über der Bergstraße gewährt einen exzellenten Blick auf die Oberrheinebene.

weiter durch den Wald und leitet schließlich zum aussichtsreichen **Alsbacher Schloss** hinauf. Weiter geht es auf dem Burgenweg im Wald, bis im Westhang des Melibocus der von Zwingenberg heraufführende Weißstrich-Weg kreuzt.

Bei klarer Sicht kann man sich hier entscheiden, auf dem Weißstrich-Weg einen Abstecher zum aussichtsreichen Melibocus zu unternehmen, allerdings ist auch der Abstieg nach Zwingenberg vom Feinsten, was die Aussicht betrifft: Durch die Rebfluren des Lucibergs führt der Weißstrich-Weg mit wunderbarem Oberrhein-Pfälzerwald-Panorama hinab nach **Zwingenberg**, während sich links oben das Auerbacher Schloss zeigt.

Noch oberhalb der sehenswerten Altstadt von Zwingenberg kreuz der mit dem Zeichen »gelbes B« markierte Blütenweg, der aussichtsreich zwischen Weinbergen und Gärten nach **Alsbach** und weiter nach **Jugenheim** führt.

Schloss Alsbach

Die aussichtsreiche Ruine des Alsbacher Schlosses mit ihrem mächtigen runden Bergfried, der inneren Ringmauer sowie Fenstern und Kellerresten der Wohnbauten ist ein viel besuchtes Ausflugsziel oberhalb von Alsbach und bildet zugleich den Rahmen für Ritterspiele u. a. Veranstaltungen. Die ab dem 13. Jahrhundert errichtete Burg der Herren von Bickenbach wurde 1463 niedergebrannt, dann wieder aufgebaut und verfiel im 17. Jahrhundert. Als die Ruinen im 19. Jahrhundert als Ausflugsziel entdeckt wurde, erhielten sie ihren heutigen Namen.

Zwingenberg – Auerbacher Schloss

Zur mächtigsten Burganlage über der Bergstraße

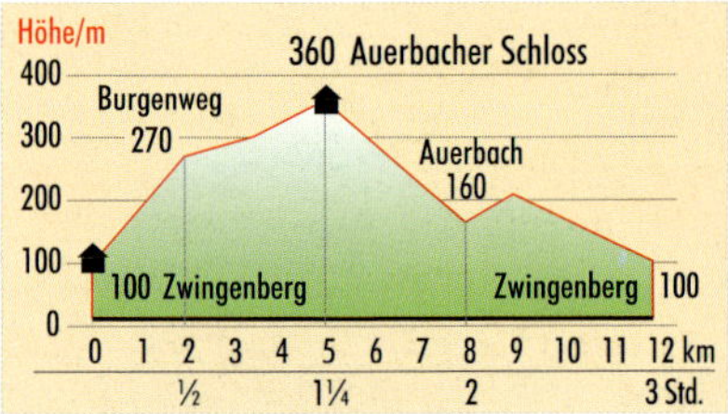

Ausgangspunkt: Bhf. Zwingenberg an der Bergstraße. Anfahrt auf der A5 Frankfurt am Main – Basel, Ausfahrt Zwingenberg.
Bahn: Bhf. der Linie Darmstadt – Zwingenberg – Weinheim/Heidelberg.
Gehzeit: Knapp 3 Std, davon gut 1 Std bis zum Auerbacher Schloss.
Charakter: Abwechslungsreiche Berg-, Wald- und Panoramawanderung mit einigen steilen Auf- und Abstiegen.
Einkehr: Zwingenberg, Auerbacher Schloss.
Karte: KOMPASS Nr. 764.

Von der Fachwerkstadt Zwingenberg folgen wir dem Burgenweg hinauf zum imposanten Auerbacher Schloss, einer der besterhaltenen Burganlagen der Bergstraße, und kehren auf dem Blütenweg durch Rebfluren zurück in die älteste Stadt an der Bergstraße.

Vom Bahnhof **Zwingenberg** folgen wir wie bei Tour 8 der »Weißstrich«-Markierung an den Rand

der sehenswerten Altstadt und wandern, nachdem wir oberhalb der Altstadt den Blütenweg (Markierung »gelbes B«) gekreuzt haben, aussichtsreich durch die Weinhänge des **Lucibergs**, bis weiter oben im Wald der mit dem Zeichen »blaues B« markierte Burgenweg kreuzt. Während der »Weißstrich«-Weg weiter aufwärts zum Melibocus führt (bei klarer Sicht ein empfehlenswerter Abstecher), folgen wir dem Burgenweg auf dem »Comoder Weg«, einem Forstweg, rechts durch die Wälder zum Parkplatz **Kapelle Not Gottes**. Die ehemalige Wallfahrtskapelle liegt weiter unten am alten Hochstädter Wallfahrtsweg (geht man hinab, dem Rundwanderweg 4 folgend, kann man die Wanderung abkürzen und stößt am Parkplatz »Höllberg« wieder auf die vorgeschlagene Rund-

wanderroute). Vom Parkplatz führt der Burgenweg an der Schutzhütte vorbei und folgt einem Waldweg zum Parkplatz beim **Auerbacher Schloss**.
Auf der Schlosszufahrt kehren wir zurück Richtung Parkplatz und zweigen links auf den Burgenweg ab, der mit einigen prachtvollen Ausblicken im Wald talwärts führt und zuletzt in den Rebhängen auf den Blütenweg (Markierung »gelbes B«) mündet. Der Blütenweg führt aussichtsreich im Hang rechts weiter, kreuzt beim Wanderparkplatz **Höllberg** die Zufahrtsstraße zum Auerbacher Schloss und leitet dann mit immer wieder weiter Aussicht durch die Rebfluren des Höllbergs nach **Zwingenberg**.

Auerbacher Schloss

Die mächtige Ruine des Auerbacher Schlosses auf dem Kegel des Ur- oder Auerbergs hoch über Bensheim-Auerbach ist die bedeutendste Burganlage der nördlichen Bergstraße. Dank der Auerbacher Schlossfestspiele und zahlreicher weiterer Veranstaltungen (Reitturniere, Rittergelage, Varietee, Kleinkunst, Theater) erfreut sie sich im Sommerhalbjahr regen Besuchs. Der Südturm bietet einen einzigartigen Blick auf die Oberrheinebene und den nördlichen Odenwald. Errichtet wurde die Anlage um 1250 durch die Grafen von Katzenelnbogen zum Schutz der Auerbacher Besitzungen des Klosters Lorsch. 1674 wurde sie von französischen Truppen zerstört, Anfang des 19. Jh. begann die Sicherung und Restaurierung der Ruinen.

Der Bergfried des Auerbacher Schlosses fungiert als Aussichtsturm.

11

Fürstenlager

Landschaftspark und erstklassige Panoramen

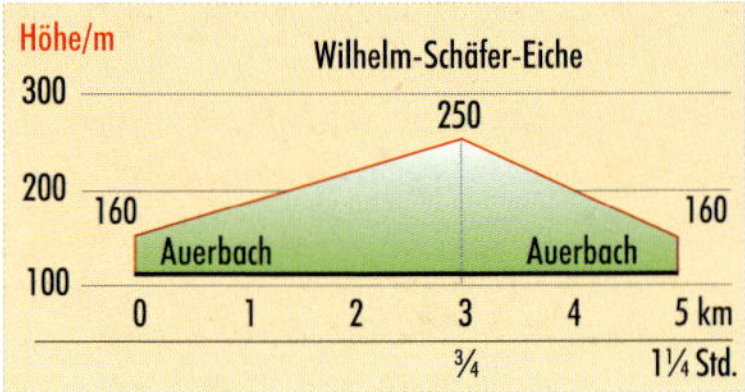

Ausgangspunkt: Parkplatz Fürstenlager (»letzter Parkplatz vor dem Fürstenlager«) in Bensheim-Auerbach, ausgeschildert an der B3. Anfahrt auf der A5 Frankfurt am Main – Basel, Ausfahrt Zwingenberg und weiter nach Bensheim-Auerbach.
Bahn: Bhf. Auerbach der Linie Darmstadt – Zwingenberg – Bensheim – Weinheim/Heidelberg; wer den Bhf. als Ausgangspunkt nimmt, gelangt wie Tour 12 auf dem Nibelungenweg zum Fürstenlager.
Gehzeit: Knapp 1½ Std, davon ¾ Std zur Wilhelm-Schäfer-Eiche.
Charakter: Bequeme Park- und Aussichtswanderung.
Einkehr: Herrenhaus im Fürstenlager.
Karte: KOMPASS Nr. 764.

Diese faszinierende Parkwanderung führt durch einen der frühesten englischen Landschaftsgärten in Deutschland und gewährt wundervolle Panoramen des Odenwalds und der Rheinebene.
Vom Parkplatz treten wir an die Zufahrtsstraße (Bachgasse), an der eine Übersichtstafel die Spazier- und Wanderwege im Fürstenlager erläutert, und folgen der Bachgasse hinauf in den **Staatspark Fürstenlager**, wobei wir uns am »Gelben Quadrat« des Nibelungenwegs orientieren, anfangs zusätzlich begleitet von der Mark. »blaues B« des Burgenwegs.

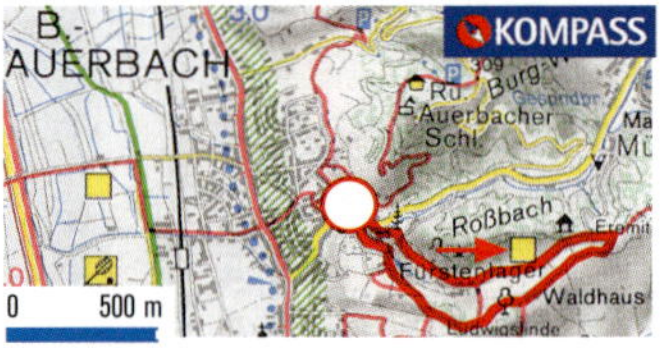

Beim Eintritt in den Park verwandelt sich die Straße in eine Platanenallee im unteren Hang eines lichten Wiesen- und Waldtals, auf dessen Grund der zu Teichen aufgestaute Bach rauscht. Die Platanenallee endet vor den Gebäuden am **Guten Brunnen**, dem Herzstück des Fürstenlagers.
Vom Herrenhaus führt der Nibelungenweg am **Mammutbaum** (rechts) vorbei weiter sacht aufwärts, neben dem Weg öffnen sich Streuobstwiesen, dahinter rauscht der Wald, schließlich sehen wir links oben auf einem Hügel die **Eremitage**, ein reetgedeckter Holzbau, vor dem Bänke zur Rast laden. Unterhalb der Eremitage tritt der Nibelungenweg in den Wald ein, und wenn wenig später der mit »8« bezeichnete Rundwanderweg rechts abzweigt, folgen wir ihm zur **Wilhelm-Schä-**

Im Fürstenlager mit Blick auf die Eremitage.

fer-Eiche, einem der schönsten Aussichtspunkte am Rand des Fürstenlagers. Bänke laden ein, das wundervolle Panorama zu genießen. Wir folgen der »8« weiter an einer Schutzhütte im Wald vorbei und gehen an der Verzweigung geradeaus mit der Mark. »8« (und der Blau-B-Markierung des Burgenwegs). Wenn sich der Burgenweg bald darauf rechts hinab zum Guten Brunnen hinabsenkt, ist links die nach Orkan neugepflanzte **Ludwigslinde** ausgeschildert (Panorama).

Von der Ludwigslinde kehren wir zurück zum Rundwanderweg 8 und folgen ihm weiter links, wobei sich einige Tiefblicke hinab ins Fürstenlager bieten. Ehe der Weg in die Weinberge hinaustritt, laden rechts oben noch einmal Sitzbänke unter Bäumen zur Rast.

In der aussichtsreichen Rebflur – hier bietet sich ein weiter Blick auf die Rheinebene – vereinigt sich vorübergehend der Blütenweg (»gelbes B«) mit unserem Weg, doch wir achten nur auf die »8« und folgen ihr hinauf zur Schutzhütte auf dem **Altarberg**. Das am oberen Rand des Parks und der Rebfluren stehende Altarberghäuschen ist ein Knotenpunkt mehrerer Wanderwege, und wir folgen der »2« in Serpentinen abwärts, zuletzt auf einer kleinen Straße, die zur spätgotischen Kirche von Auerbach führt. Das ursprünglich dem heiligen Nikolaus geweihte Kirchlein thront auf einem Felssporn hoch über Auerbach, vom alten Friedhof mit sehenswerten Grabsteinen schweift der Blick hinab auf die Fachwerkhäuser des Orts und weit hinaus in die Rheinebene.

Wir queren die steile Straße neben dem Kirchlein, wandern geradeaus auf einem Fußweg im

Hang und achten auf die Mark. »2«, die unvermittelt links auf eine Treppe wechselt: Hier geht es zurück zum Parkplatz.

Bild oben: Der Gute Brunnen bildet den Mittelpunkt des Landschaftsparks Fürstenlager. Bild S. 43: Tiefblick vom oberen Hang des Fürstenlagers.

Staatspark Fürstenlager

Der hessische Staatspark Fürstenlager in Bensheim-Auerbach war bis 1918 Sommerresidenz und Kurzentrum der Landgrafen bzw. Großherzöge von Hessen-Darmstadt, die hier Ende des 18. Jhs. einen der frühesten englischen Landschaftsparks in Deutschland anlegen ließen. Mit seiner harmonischen Verbindung aus Natur, Gartengestaltung und Architektur sowie der Vielzahl fremdländischer, hauptsächlich nordamerikanischer und asiatischer Sträucher und Bäume – darunter Deutschlands ältester Mammutbaum – zählt er zu den bedeutendsten Sehenswürdigkeiten an der Bergstraße. Mehrere Wander- und Spazierwege führen durch den Landschaftspark, dessen Herzstück der Gute Brunnen ist, eine 1738 entdeckte und erstmals gefasste Mineralquelle.

Das Fürstenhaus in Darmstadt unterhielt gute Beziehungen zur englischen Königsfamilie und ließ in den folgenden Jahrzehnten das »Fürstenlager« als einen der ersten englischen Gärten auf dem europäischen Kontinent anlegen: einen Landschaftsgarten mit geschwungenen Wegen, weiten Rasenflächen, natürlichen Baumgruppen und romantischen Kleinbauten wie dem Louisendenkmal (1786), dem Freundschaftsaltar (1786), der Grotte (1790), dem Efeutempel (1864) u. a. Beim Guten Brunnen wurden das Herrenhaus als Sitz der fürstlichen Familie sowie der Prinzenbau, der Damenbau, die Wache, Meierei und Konditoreibau, Kavaliersbau und Fremdenbau errichtet. Zu den einheimischen Bäumen kamen über 50 fremdländische Bäume und Sträucher an den Parkwegen, darunter der Mammutbaum, aber auch Sumpfzypressen, Sicheltannen, dunkel blühende Magnolien, Buschkastanien, Ginkos und viele andere, die dem Park ein »malerisches« und »romantisches« Gepräge geben sollten. Die Gebäude bei der Quelle stammen aus den 1790er Jahren: Der Damenbau beherbergt unter anderem die großherzogliche Porzellansammlung, im Herrenhaus kann man im Café-Restaurant auch heute noch fürstlich tafeln und in Biedermeier-Ambiente übernachten (»Parkhotel Herrenhaus«).

Auerbach – Kirchberg – Bensheim

Landschaftspark und erstklassige Panoramen

Ausgangspunkt: Bhf. Auerbach an der Bergstraße, alternativ – P am Eingang zum Fürstenlager. Anfahrt auf der A5 Frankfurt am Main – Basel, Ausfahrt Zwingenberg und weiter nach Bensheim-Auerbach.
Bahn: Bhf. der Linie Darmstadt – Zwingenberg – Bensheim – Weinheim/Heidelberg.

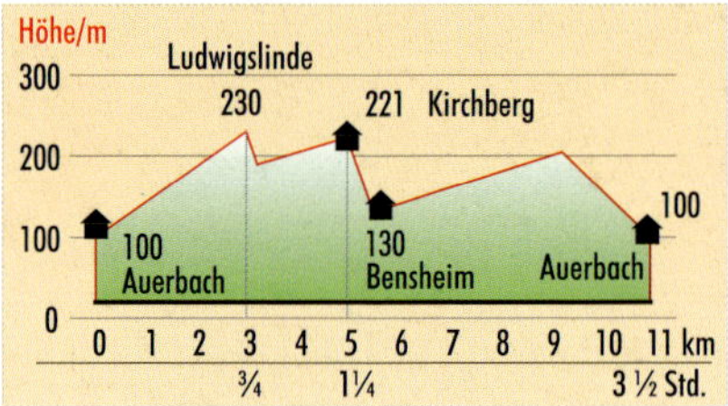

Gehzeit: Etwa 3½ Std, davon gut 1 Std zum Kirchberg.
Charakter: Park-, Wald- und Aussichtstour.
Einkehr: Auerbach, Fürstenlager, Kirchberg, Bensheim.
Karte: KOMPASS Nr. 764.

Vom hessischen Staatspark Fürstenlager, einem der frühesten englischen Landschaftsparks in Deutschland, wandern wir auf dem Burgenweg hinauf zum aussichtsreichen Kirchberghäuschen und kehren von der Weinstadt Bensheim auf dem Blütenweg zurück nach Auerbach.
Vom Bahnhof **Auerbach** führt die Nibelungenweg-Markierung »gelbes Quadrat« durch die Otto-Beck-Straße zur B3 und nach Queren der Bundesstraße geradeaus weiter durch die Karlsbader Straße zum Schlossplatz, wo die Blütenweg-Markierung »gelbes B« und die Burgenweg-Markierung »blaues B« hinzukommen.

In gemeinsamer Routenführung geht es durch die autofreie Weidgasse in Richtung der auf einem Bergsporn errichteten Kirche; dort, auf der Bachgasse, verabschiedet sich der Blütenweg zur Kirche, während wir dem Burgen- und dem Nibelungenweg auf der von einem Bächle begleiteten Bachgasse aufwärts folgen zum **Fürstenlager**. Oberhalb dieses sehenswerten Landschaftsparks, in dem sich Nibelungen- und Burgenweg (rechts) trennen, befindet sich der wundervolle Aussichtspunkt **Ludwigslinde**, ursprünglich gepflanzt von Graf Ludwig zu Erbach-Schönberg (1792–1863).
An diesem hervorragender Pano-

Die Bergkirche von Auerbach.

ramapunkt laden Tische und Bänke zur Rast mit Blick auf Hemberg, Starkenburg, Heiligenberg-Kesselberg bei Knoden, Neunkircher Höhe und viele andere Berge. Der Burgenweg führt aussichtsreich weiter zum Parkplatz **Herrenwingert** und weiter im Wald und tritt auf dem **Kirchberg** aussichtsreich wieder ins Freie.

Vom Kirchberg führt der Burgenweg weiterhin viel Aussicht gewährend durch Weinberge abwärts und tritt in der Kalkgasse an den Rand der fachwerkhäusergeschmückten Weinstadt **Bensheim**, wo er (noch oberhalb der Stadt) auf den Blütenweg mündet.

Wer den sehenswerten Altstadtkern besichtigen will, geht links weiter (5 Minuten), kehrt danach auf demselben Weg zurück und folgt der Blütenweg-Markierung »gelbes B« aussichtsreich an Gärten vorbei und durch Weinberge zurück nach **Auerbach**.

Kirchberg – Hausberg von Bensheim

Der Kirchberg ist der Hausberg von Bensheim. Mit exzellenter Aussicht thront auf dem Berg das mit einer tempelartigen Fassade ausgestattete Kirchberghäuschen, dessen Wirt während der Öffnungszeiten eine Fahne hisst.

Das Panorama umfasst den Heppenheimer Schlossberg mit der Ruine der Starkenburg, im Süden ist der Königstuhl bei Heidelberg erkennbar, und jenseits des Rheins schweift der Blick zum Pfälzerwald, zum Donnersberg und bis hin zum Großen Feldberg auf dem Taunus.

13

Bensheim – Jägerrast – Starkenburg

See- und Höhenwanderung mit exzellenter Aussicht

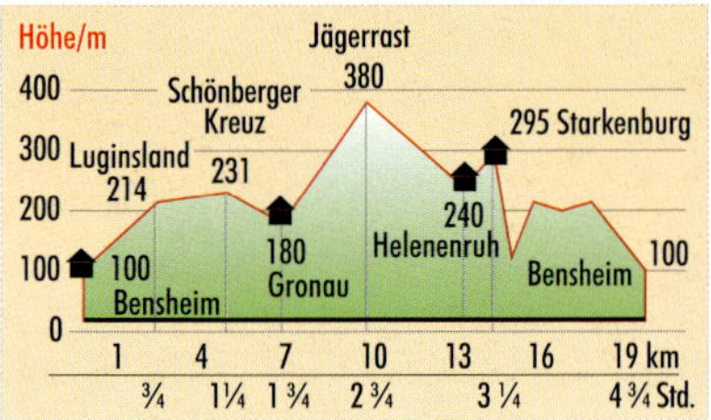

Ausgangspunkt: Bhf. Bensheim. Anfahrt auf der A5 Frankfurt am Main – Basel, Ausfahrt Bensheim.
Bahn: Bhf. der Linie Darmstadt – Zwingenberg – Bensheim – Weinheim/Heidelberg.
Gehzeit: Knapp 5 Std, davon gut 3 Std bis zur Starkenburg.
Charakter: Weinberge- und Waldwanderung auf bequemen Wegen.
Einkehr: Bensheim, Gronau, Ober-Hambach, Starkenburg.
Karte: KOMPASS Nr. 764.

Diese Tour führt von der fachwerkhäusergeschmückten Weinstadt Bensheim an der Bergstraße durch aussichtsreiche Weinberge und durch rauschende Wälder zur Starkenburg oberhalb von Heppenheim; von dort kehren wir auf dem Burgen- bzw. Blütenweg zurück. Wer die Wanderung abkürzen will, fährt mit dem Zug von Heppen-

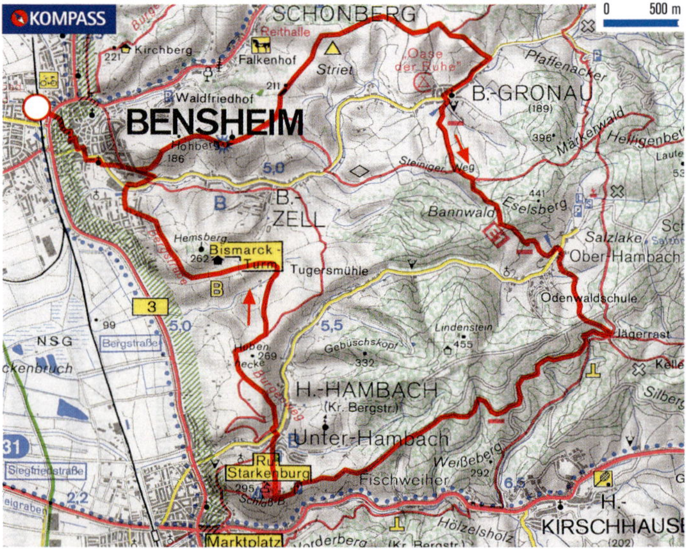

heim nach Bensheim zurück.
Aus dem Bahnhof **Bensheim** tretend, gehen wir durch die Unterführung unter der B3 hindurch und dann geradeaus durch die als Fußgängerzone ausgewiesene Bahnhofstraße, wobei die Markierung »gelbes Dreieck« die Route weist (anfangs zusätzlich »weiße Raute«). Die Markierung wechselt bald rechts in die Promenadenstraße, verlässt die Stadt und führt aussichtsreich hinauf in die Weinberge des **Hohbergs**. Oben steht der Ecktturm **Luginsland**, im Volksmund Blaues Türmchen genannt. Mit prachtvollen Blicken auf den bewaldeten Lindenstein und die Starkenburg im Süden sowie zum Auerbacher Schloss, zum Melibocus und zum Reichenbacher Felsberg im Norden führt der Weg weiter, zwischendurch verabschiedet sich die »weiße Raute«, während wir dem »gelben Dreieck« zum **Schönberger Kreuz** folgen, einer alten Wegekreuzung mit Schutzhütte.
Wenn wenig später an einer Verzweigung die Rotstrich-Markierung des Weitwanderwegs Odenwald – Vogesen auftaucht, verlassen wir das »gelbe Dreieck« und folgen dem Rotstrich durch einen Hohlweg hinab in das Dorf Bensheim-**Gronau**. Auf der Dorfstraße wandern wir bis zur evangelischen Kirche, dahinter wendet sich die Rotstrich-Markierung links und biegt schließlich rechts in einen Hohlweg ab, der hinauf in die Wälder am Eselsberg führt.
Nach dem Zwischenabstieg in das Dorf Heppenheim-**Ober-Hambach**, wo Rudolf Geheeb 1910 die Odenwaldschule, eine Reformschule, gründete, führt der Rotstrich-Weg hinauf zur Wegespinne **Jägerrast**, wo eine Schutzhütte zur Rast lädt. Hier wenden wir uns rechts und folgen dem Rotstrich auf einem Hangweg zur Schutzhütte **Helenenruhe** am Waldrand. An der wenig später erreichten Wegekreuzung verlassen wir den Rotstrichweg (er führt durch die Weinberge aussichtsreich nach Heppenheim hinab) und wandern geradeaus (Mark. H1, 2 und 3) auf die weithin sichtbare **Starkenburg** zu.
Beim Parkplatz vor dem Aufgang zur Burg entdecken wir die Mark. »blaues B« des Burgenwegs: Sie leitet rechts hinab ins Tal, vereinigt sich dort vorübergehend mit dem Blütenweg (»gelbes B«) und führt überaus aussichtsreich hinauf in die Weinberge, wo sie sich erneut mit dem Blütenweg vereinigt.
Wenn sich Blüten- und Burgenweg schließlich trennen, zweigen wir links auf den Blütenweg ab und folgen ihm mit prachtvoller Aussicht am **Hemsberg** vorbei zurück nach **Bensheim**, zuletzt wieder dem bekannten Zeichen »gelbes Dreieck« folgend.

Starkenburg

Die aussichtsreiche Ruine der 1065 auf dem Gelände einer vorgeschichtlichen Ringwallanlage als Passsperre gegründeten Starkenburg auf einem Bergkegel oberhalb von Heppenheim wurde 1958/59 durch den Bau einer Jugendherberge erweitert.

14

Reichenbach – Juhöhe – Birkenau

Auf dem E 1 durch stille Wälder ins Weschnitztal

Ausgangspunkt: Lautertal-Reichenbach Rathaus. Anfahrt auf der A5 Frankfurt am Main – Heidelberg, Ausfahrt Bensheim, dann auf der B 47 (Nibelungenstraße) via Bensheim/Michelstadt. **Bus/Bahn:** Direkte Busverbindung mit Bensheim (dort Bahnhof).

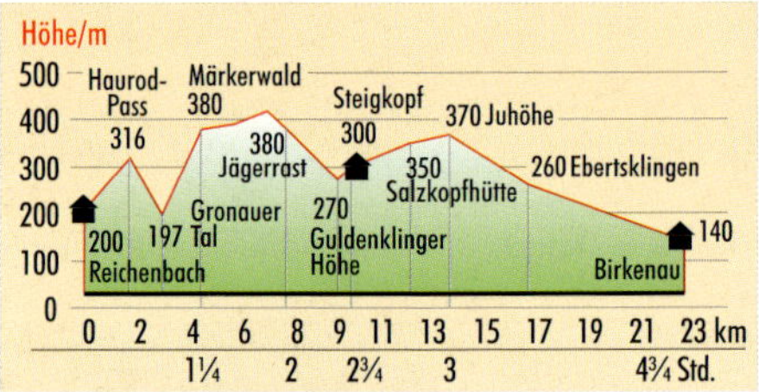

Gehzeit: 5½ Std, davon 3 Std bis Juhöhe.

Charakter: Waldtour mit vielen Aussichtsstellen und einigen Auf- und Abstiegen.

Einkehr: Reichenbach, Steigkopf, Birkenau.

Karte: KOMPASS Nr. 764.

Von Lautertal-Reichenbach führt die zweite Etappe des Europäischen Fernwanderwegs 1 im Odenwald fern von Dörfern und Straßen durch Täler und über bewaldete Bergkuppen in den Erholungsort Juhöhe und weiter aussichtsreich durch Wiesen hinab in

Die Salzkopfhütte am Europäischen Fernwanderweg 1 kurz vor Juhöhe.

das Sonnenuhrendorf Birkenau im Weschnitztal.
In **Reichenbach** folgt der mit dem Zeichen »x« markierte E1 kurz der Nibelungenstraße (B 47) abwärts und wechselt dann links hinauf in die Wiesen. Nach Überschreiten der bewaldeten Passhöhe am **Haurod** geht es teils auf Hohlwegen hinab in das **Gronauer Tal**, dort an der Kreisstraße kurz links zum Parkplatz **Märkerwald** und dann aufwärts im Wald im Hang des stillen Bachtals zwischen Heiligen- und Eichelberg, oben links.
Nach diesem Anstieg wird es nun bequemer, ein schöner Rastplatz befindet sich am Goldbrunnen, wenig später lädt oberhalb von Ober-Hambach eine aussichtsreiche Schutzhütte am Waldrand zur Rast, dann passieren wie die Schutzhütte an der Sieben-Wege-Spinne **Jägerrast**, zweigen dahinter links ab und erreichen bald nach Kreuzen der Siegfriedstraße beim Parkplatz **Guldenklinger Höhe** (B 460) am **Steigkopf** die erste Gaststätte auf dieser Etappe (Montag und Dienstag Ruhetag).
Weiter geht es überwiegend durch Wälder, bis sich an der **Salzkopfhütte** (Schutzhütte) wieder Wiesen öffnen und dann der schöne Höhenort **Juhöhe** erreicht ist. Im Gleichlauf mit dem Weitwanderweg Odenwald - Vogesen (Rotstrich) verlässt der E1 den Ort auf einem aussichtsreichen Wiesenrücken und wechselt an der Verzweigung links in die weschnitztalseitigen Hänge. Je mehr sich der Weg hinabsenkt - vorbei an Ober- und Nieder-Liebersbach -, desto mehr tritt der Wald zurück.
In aussichtsreichen Wiesen- und Feldfluren wandern wir schließlich **Birkenau** zu, das wir bald nach Überqueren der neuen B 38 erreichen.

Fürth – Tromm – Rimbach

Zum Ireneturm an den Felsen der Hohen Tromm

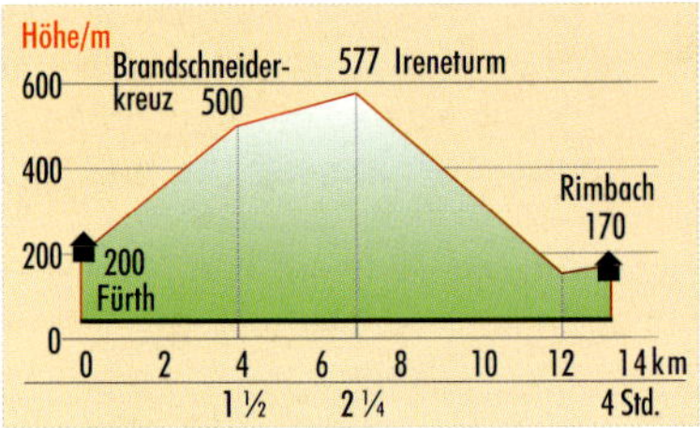

Ausgangspunkt: Bhf. Fürth. Anfahrt auf der A5 Frankfurt am Main – Basel Kreuz Weinheim und auf der B 38a weiter nach Fürth.
Bahn: Weschnitztalbahn Weinheim – Rimbach – Fürth.
Gehzeit: Knapp 4 Std, davon gut 2 Std bis zum Ireneturm.
Charakter: Teils steile Wald- und Aussichtstour auf meist bequemen Wegen.
Einkehr: Fürth, Schardhof, Trommhof, Rimbach.
Karte: KOMPASS Nr. 764.

Von Fürth im Weschnitztal führt der Main-Stromberg-Weg zum Aussichtsturm auf der für ihre Felsformationen bekannten Hohen Tromm, von dort wandern wir hinab nach Rimbach im Weschnitztal.

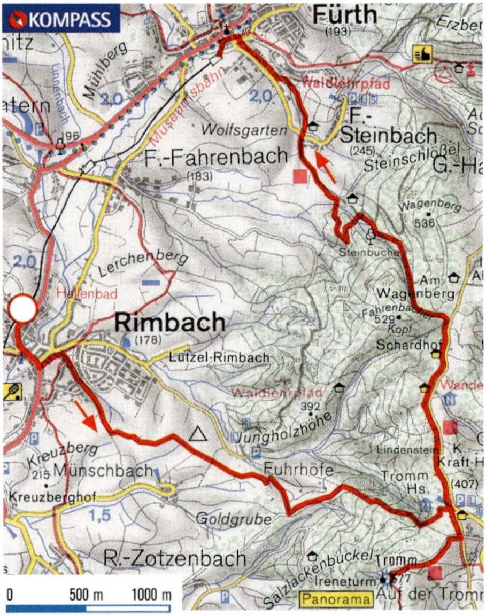

Vom Bhf. **Fürth** gehen wir kurz altstadteinwärts, treffen auf den mit »rotes Quadrat« markierten Main-Stromberg-Weg und folgen ihm rechts. Wenige Minuten folgt er der Straße aufwärts, wechselt dann auf einen Pfad im **Steinbachtal** und führt nach Passieren des Ortsteils **Steinbach** in aussichtsreicher Grünflur dem Wald zu, wo eine Schutzhütte zum Verschnaufen einlädt. Im Wald geht es zum Teil steil weiter aufwärts, ehe am **Brandschneiderkreuz** fast die Höhe erreicht ist; das Kreuz soll die Stelle

Die sagenumwobenen Felsen der Hohen Tromm.

bezeichnen, an der Hexen einen prahlerischen Schneider zu Tode geritten haben. Noch ein kurzes Stück, und wir haben den **Schardhof**, ein sehr häufig besuchtes Ausflugsrestaurant auf dem **Trommrücken**, erreicht.

Weitgehend eben und mit zwischendurch recht prachtvollen Aussichten führt der Main-Stromberg-Weg nun auf dem asphaltierten Trommhöhenweg südwärts am **Naturfreundehaus** und dem Naturdenkmal **Lindenstein**, einer romantischen Felsgruppe aus Trommgranit (ausgeschildert, Sitzbänke), vorbei zum Wanderparkplatz »Tromm«.

Hier treffen wir an der Kreuzung auf unsere Rückweg-Markierung »weißes Dreieck«, folgen jedoch zunächst dem »roten Quadrat« zum Gasthaus **Trommer Hof** (hier ist auch der Schlüssel für den Aussichtsturm erhältlich) und hinauf zum **Ireneturm** auf der **Hohen Tromm**.

Vom Ireneturm kehren wir wieder zurück zum Trommer Hof und zur Verzweigung beim Wanderparkplatz und folgen ab hier nun der Markierung »weißes Dreieck« hinab nach **Rimbach** im Weschnitztal.

Hohe Tromm

Die Tromm im Überwald ist der stehen gebliebene Granitsockel eines kristallinen Urgebirges. Durch Verwitterungsvorgänge entstanden zahlreiche zum Teil bizarre Felsbildungen, die seit jeher die Fantasie angeregt haben. Die Sagen bevölkern die Hohe Tromm mit Geistern, Riesen, Hexen und Heiden, die Felsformation »Wildleuthäusl« soll einer jener Orte gewesen sein, an dem Altgäubige als »wilde Leut« lebten. Der 25 m hohe Ireneturm, benannt zu Ehren der großherzoglichen Prinzessin Irene von Hessen-Darmstadt, wurde 1910 vom Odenwaldklub Wald-Michelbach errichtet. Er bietet einen umfassender Rundblick ins Weschnitztal, zur Rheinebene, zur Neunkirchener Höhe, zum Katzenbuckel, zur Wachenburg oberhalb von Weinheim und bis hin zum Otzberg. Seit 1946 finden auf der Tromm alljährlich die Treffen des Bunds der Vertriebenen im Kreis Bergstraße statt. Der rauschende Bergwald, das Heidekraut, die malerisch im Gelände verstreuten Gehöfte, die Bergwiesen – all das erinnert die Vertriebenen an ihre Heimat.

Heppenheim – Juhöhe – Laudenbach

Von der hessischen zur badischen Bergstraße

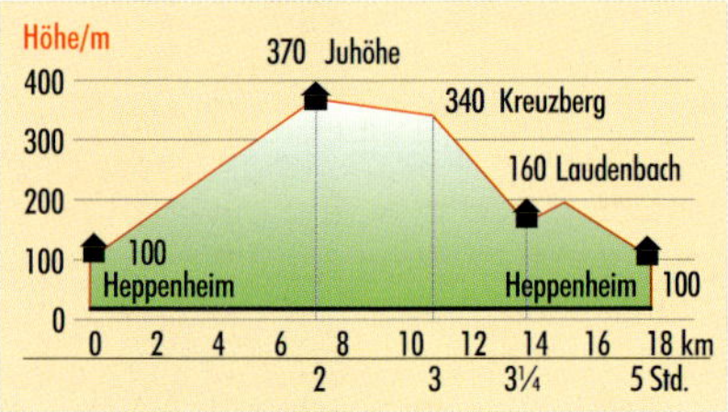

Ausgangspunkt: Bhf. Heppenheim. Anfahrt auf der A5 Frankfurt am Main – Basel, Ausfahrt Heppenheim.
Bahn: Bhf. der Linie Darmstadt – Zwingenberg – Bensheim – Heppenheim – Weinheim/Heidelberg.
Gehzeit: Knapp 5 Std, davon etwa 2 Std nach Juhöhe.
Charakter: Abwechslungsreiche Wald-, Wiesen- und Weinbergewanderung.
Einkehr: Heppenheim, Juhöhe, Laudenbach.
Karte: KOMPASS Nr. 764.

Von der Wein- und Festspielstadt Heppenheim an der Bergstraße führt diese abwechslungsreiche Wald- und Aussichtswanderung in den Ausflugsort Juhöhe und über den sagenumwobenen Kreuzberg hinab nach Laudenbach, von wo wir auf dem Burgenweg in den Weinbergen zurückwandern.

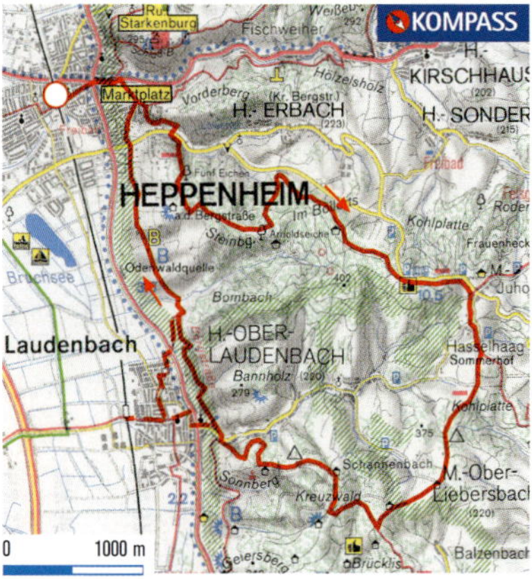

Aus dem Bahnhof **Heppenheim** tretend, wenden wir uns rechts (Kalterer Straße) und sofort links (Liebigstraße) und wandern mit Blick auf die Starkenburg zum Marktplatz in der Altstadt, wobei die Markierung »gelbes umgekehrtes T« die Route weist. Ab hier weist die Rotstrich-Markierung des Weitwanderwegs Odenwald – Vogesen die weitere Route: Vom Marktplatz gehen wir links am Rathaus vorbei, biegen links in die Merian- und gleich rechts in die Ernst-Ludwig-Straße ein und treffen im Erbachtal auf die Landstraße. Hier geht es kurz längs der Straße aufwärts, dann rechts ab in die Wälder des **Essigkamms**. Bei der **Arnoldseiche** lädt eine Schutzhütte zur Rast, hier links hal-

Bizarr verwitterte Felsen auf der »Bügeleisen«-Kuppe bei Juhöhe.

tend, wandern wir bald mit einigen Ausblicken am Waldrand entlang, erreichen den Parkplatz **An der Lee** und dann den Parkplatz **Hölzerne Hand** und sind gleich darauf in **Juhöhe**, wo sich bei den Gasthöfen der Europäische Fernwanderweg 1 (Markierung »x«) vorübergehend mit unserem Weg vereinigt. In gemeinsamer Routenführung verlassen die Weitwanderwege auf einem aussichtsreichen Höhenrücken das Dorf und trennen sich wenig später an einer Wegekreuzung: Unsere Rotstrich-Route (zusätzlich: »weißes Dreieck«) führt im Wechsel von aussichtsreichem Wiesenland und Wäldern südwärts, folgt ab einer Einzeleiche dem hessisch-badischen Grenzweg und trifft an einer Schutzhütte – nun ganz in Baden – auf ein Wegedreieck. Hier verlassen wir den Rotstrich-Weg und folgen dem »weißen Dreieck« rechts hinab zum stimmungsvollen **Kreuzberg**, einem alten Wallfahrtsziel. Wenig später passiert der Weißes-Dreieck-Weg eine Schutzhütte und tritt schließlich in den Weinbergen oberhalb von Laudenbach in die Rebflur, wo an einer Brücke der mit dem Buchstaben »blaues B« gekennzeichnete Burgenweg kreuzt. Hier muss man sich entscheiden: Entweder folgt man dem Burgenweg rechts durch die Weinberge zurück nach Heppenheim, oder man folgt dem »weißen Dreieck« hinab nach **Laudenbach** (Einkehrmöglichkeiten) und wechselt dort auf den mit dem Zeichen »gelbes B« markierten Blütenweg (der sich später mit dem Burgenweg vereinigt); die dritte Möglichkeit besteht darin, dem »weißen Dreieck« bis hinab zum Bahnhof zu folgen und mit der Bahn zurück nach **Heppenheim** zu fahren.

Wallfahrtsziel Kreuzberg

Der legendenumwobene Kreuzberg oberhalb von Hemsbach ist ein seit alter Zeit als heiliger Ort gedachter Platz, der während der Pest um 1350 in eine Wallfahrtsstätte »zum heiligen Kreuz« umgewandelt wurde bzw. Standort einer Michaelskapelle wurde.

Die Wallfahrtskapelle wurde im Jahr 1808 abgerissen, heute präsentiert sich der Kreuzberg als stimmungsvoller Waldtempel mit mächtigen alten Bäumen rund um das Kreuz. Alljährlich an Pfingsten ist der Kreuzberg Ziel einer Wallfahrt.

Laudenbach – Waldners Turm – Weinheim

Panoramatour über der badischen Bergstraße

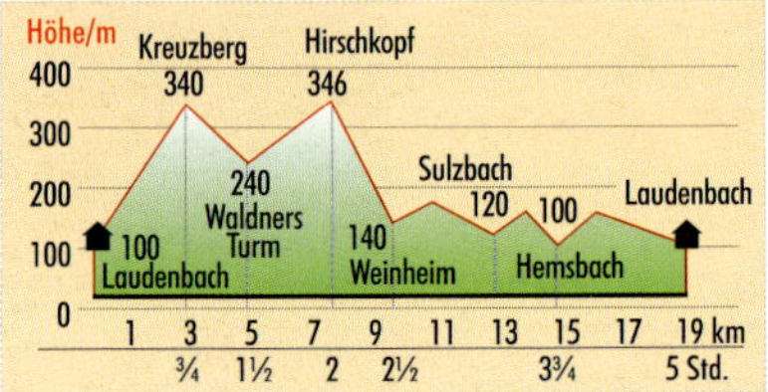

Ausgangspunkt: Bhf. Laudenbach. Anfahrt A5 Frankfurt am Main – Heidelberg, Ausfahrt Hemsbach und auf der B3 weiter nach Laudenbach.
Bahn: Bhf. Laudenbach der Linie Darmstadt – Zwingenberg – Bensheim – Heppenheim – Weinheim/Heidelberg.
Gehzeit: Knapp 5 Std, davon 2½ Std bis Weinheim.
Charakter: Abwechslungsreiche Wald-, Wiesen- und Weinbergewanderung.
Einkehr: Heppenheim, Juhöhe, Laudenbach.
Karte: KOMPASS Nr. 764.

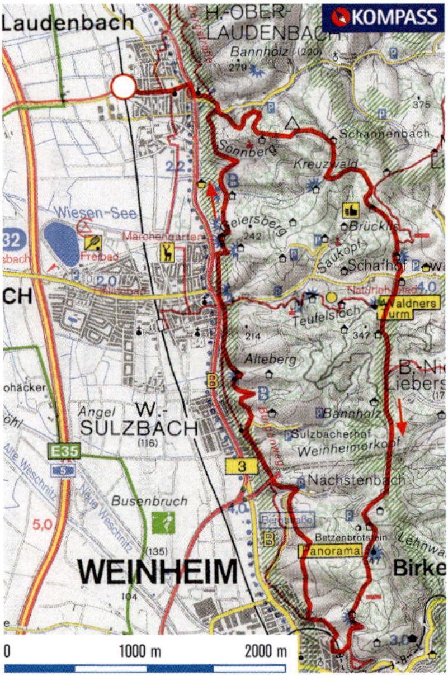

Von Laudenbach, der nördlichsten Gemeinde an der badischen Bergstraße, führt diese Wanderung zum stimmungsvollen Wallfahrtsort auf dem Kreuzberg, prachtvolle Ausblicke bieten sich an Waldners Turm und vom Aussichtsturm auf dem Hirschkopf, von Weinheim wandern wir aussichtsreich durch die Weinberge zurück. Vom Bhf. **Laudenbach** leitet die Mark. »weißes Dreieck« durch die Bahnhofstraße bergwärts, folgt nach Queren der B3 kurz der Kirchstraße aufwärts und wechselt dann rechts auf einen Waldweg, der hinauf zum sagenumwobenen **Kreuzberg** führt – ein schöner Ort für eine Rast. Am Kreuzberg tritt zum »Weißen Dreieck« die Mark. »1«, und wenn letztere den Hauptwanderweg verlässt, folgen wir ihr zum Natur-

Waldners Turm, auch Vierritterturm genannt.

denkmal **Steinernes Ross**, einem etwa 5 m langen Stein, in dem sich mit einiger Fantasie ein auf den Beinen liegendes Pferd erkennen lässt, das Hals und Kopf tief geneigt hält. Wenig später mündet der »1«-Weg am Wanderparkplatz **Schaumesklingel** auf den Weitwanderweg Odenwald – Vogesen, dessen Rotstrich-Mark. nun bis Weinheim die Route weist. Ein aussichtsreicher Platz für eine Rast sind die Wiesen bei **Waldners Turm** (1830 errichtet von einem Grafen Waldner) oberhalb des Naturschutzgebiets Schafhof-Teufelsloch: Der Blick schweift der Blick über die Rheinebene hinweg bis ins Nordpfälzer Bergland. Nun tritt der Rotstrich-Weg in den Wald ein und folgt der hessisch-badischen Grenze (das Kürzel GH auf den alten Grenzsteinen steht für Großherzogtum Hessen, GB=Großherzogtum Baden), passiert zwei Schutzhütten und den Lüftungsschacht-Turm des Saukopftunnels der neuen B 38 und wechselt schließlich auf einen Pfad, der zum Aussichtsturm auf dem **Hirschkopf** hinaufführt: Nach Osten schweift der Blick auf die Höhen jenseits des Weschnitztals, während sich jenseits der Rheinebene der Pfälzerwald zeigt. Recht steil senkt sich der Pfad hinab, tritt an der **Vogesenblick**-Schutzhütte aus dem Wald, erreicht nach zwei Serpentinen und nach Queren der Weschnitztalbahn Weinheim auf dem Bennweg und vereinigt sich am End des Bennwegs mit dem Blütenweg (»gelbes B«) und dem Burgenweg (»blaues B«): Während es links nach **Weinheim** hineingeht, folgen wir der hier gleich laufenden Route von Burgen- und Blütenweg rechts durch die Bischofsgasse und die Brunhildenstraße stadtauswärts und aussichtsreich durch die Weinberge nach **Hemsbach** und zurück nach **Laudenbach**.

Blüten- und Burgenweg kreuzen sich zwischen Weinheim und Laudenbach mehrfach bzw. laufen gleich oder parallel.

18

Weinheim – Wachenburg – Birkenau

Altstadt-, Park- und Burgenwanderung ins Sonnenuhrendorf

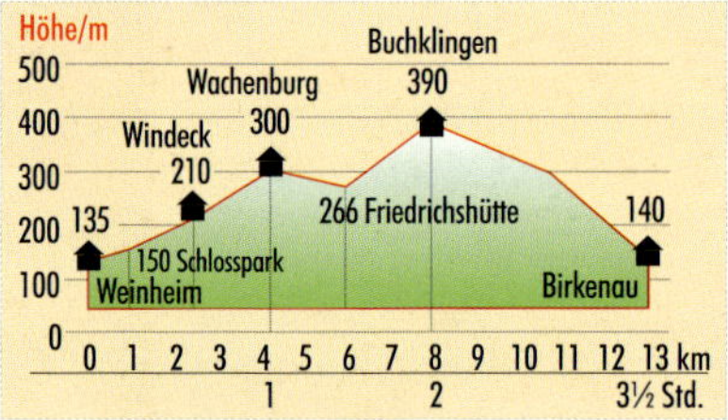

Ausgangspunkt: Hauptbhf. Weinheim. Anfahrt auf der A5 Frankfurt a.M. – Heidelberg bis zum Kreuz Weinheim und weiter nach Weinheim.
Bahn/Bus: Hauptbhf. Weinheim der Linie Darmstadt – Zwingenberg – Bensheim – Heppenheim – Weinheim – Heidelberg/Schwetzingen/Mannheim. Direkte Bus- und Bahnverbindung von Birkenau zurück nach Weinheim.
Gehzeit: Knapp 3½ Std, davon gut 1 Std bis zur Wachenburg.
Charakter: Park- und Waldwanderung mit steilem Auf- und Abstieg.
Einkehr: Weinheim, Windeck, Wachenburg, Buchklingen, Birkenau.
Karte: KOMPASS Nr. 764.

Von der malerischen Altstadt und den Parks von Weinheim führt diese Tour hinauf zu den aussichtsreichen Burgen Windeck und Wachenburg und hinab in das Sonnenuhrendorf Birkenau im Weschnitztal.
Vom Hauptbhf. **Weinheim**, dem Startpunkt des Hauptwanderwegs »weißes Quadrat«, folgen wir der Bahnhofstraße Richtung Altstadt bis zur Wanderwegekreuzung am Dürreplatz. Während das »weiße Quadrat« an dieser Stelle geradeaus weiter Richtung Windeck führt, zweigen wir rechts ab und folgen der Rotstrich-Mark. des Weitwanderwegs Odenwald – Vogesen (zugleich Blau-B-Mark. des Burgenwegs; Gelb-B-Mark. des Blütenwegs außer Acht lassen) autofrei durch die malerischen Sträß-

Abendlicher Blick von der Wachenburg auf die Berge zwischen dem Weschnitztal und der Bergstraße.

lein des **Gerberviertels** (Hauptstraße). An der ehemaligen Stadtmühle weisen die Markierungen rechts, über Stufen erreichen wir den **Schlosspark** mit seinem prachtvollen Baumbestand und gelangen an den Rand des **Exotenwalds**, einer für Deutschland einzigartigen Sammlung seltener fremdländischer Laub- und Nadelbäume.

Nach diesem Abstecher kehren wir durch das Gerberviertel zurück zum Dürreplatz und folgen dem »weißen Quadrat« hinauf zur weithin sichtbaren Ruine **Windeck**, einer der ältesten Burgen an der Bergstraße. Anfang des 12. Jh. wurde sie zum Schutz der Besitzungen des Klosters Lorsch auf einer 222 m hohen Bergkuppe hoch über Weinheim errichtet. 1647 wurde die Burg, deren stattliches Aussehen auf einem Merianstich überliefert ist, zerstört. Eine architektonische Besonderheit ist die in die Mauer des Bergfrieds eingelassene Wendeltreppe, auch Schildmauer und Wehrgang sind gut erhalten. Von der Windeck leitet das »weiße Quadrat« aussichtsreich aufwärts, passiert den **Donnersbergblick**, taucht in den Wald ein und erreicht die **Wachenburg**. Sie wurde 1907–13/1928 mit eindrucksvoller Fernwirkung im neoromanischen »Burgenstil« auf der Kuppe des Wachenbergs (328 m) errichtet als Gedächtnismonument des Weinheimer Seniorenkonvents (WSC) und seiner studentischen Corps. Hinter der Fest- und Gedenkhalle befindet sich ein Aussichtsturm.

Nach diesem rasanten Aufstieg folgen wir dem »weißen Quadrat« bequem durch die Wälder, zwischendurch lädt die **Friedrichshütte** (Schutzhütte) zur Rast, und bald darauf mündet der von Birkenau heraufführende E1 (x-Mark.) auf den Weg. Man kann ihm direkt nach Birkenau folgen, aber es ist wegen des Aussichtsreichtums lohnend, dem »weißen Quadrat« in das Höhendorf Birkenau-**Buchklingen** zu folgen, wo zudem Einkehrmöglichkeit im Grünen Baum besteht. Am Buswendeplatz treffen wir wieder auf das »x« des E1 und folgen ihm links hinaus durch die aussichtsreichen Wiesen hoch über dem Kallstädter Tal und zuletzt steil hinab nach **Birkenau** im Weschnitztal. Von dort fahren der Bus und die Weschnitztalbahn zurück nach Weinheim.

Steinachquelle – Götzenstein – Löhrbach

Exzellente Panoramawanderung

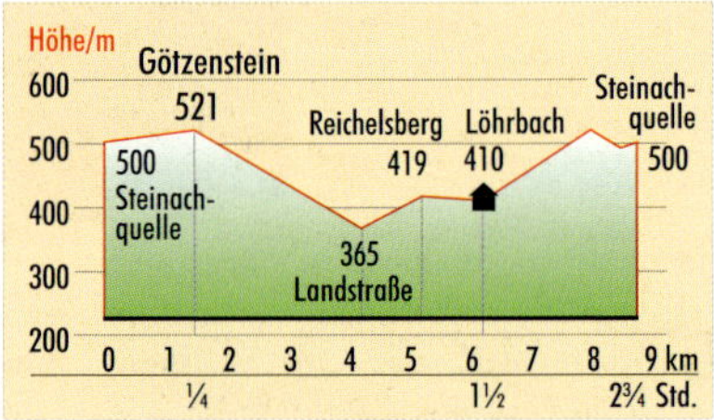

Ausgangspunkt: Wanderparkplatz an der Steinachquelle oberhalb von Ober-Abtsteinach. Anfahrt A5 Frankfurt am Main – Heidelberg bis Kreuz Weinheim und weiter auf der B 38 nach Mörlenbach; dort abzweigen via Wald-Michelbach und später rechts Richtung (Ober-)Abtsteinach; der Wanderparkplatz ist kurz vor dem Dorf ausgeschildert.
Bahn/Bahn: Nächste Bahnhöfe in Weinheim und Birkenau. Wer die Bushaltestelle Ober-Abtsteinach Pfarrgarten als Ausgangspunkt nimmt, hat Busverbindung nach Wald-Michelbach.

Gehzeit: Knapp 3 Std, davon etwa 1½ Std bis Löhrbach.
Charakter: Bequeme, sehr aussichtsreiche Wald- und Wiesenwanderung.
Einkehr: Löhrbach, Ober-Abtsteinach.
Karte: KOMPASS Nr. 764.

Absteinach ist umgeben von einem Kranz sanfter Waldkuppen und Wiesentäler, in denen man endlos wandern kann mit wunderbaren Aussichten, die zu den schönsten des Odenwalds zählen. Zu den markantesten Punkten zählen der Götzenstein und der Teufelsstein, zu denen diese Wanderung führt.
Vom Parkplatz an der (verbun-

kerten) **Steinachquelle** folgen wir kurz der Zufahrt zurück und biegen links in den Wiesenweg ein (»gelbe Scheibe«, zusätzlich A5), der aussichtsreich zum Waldsaum hinaufführt, Sitzbänke laden zur Rast. Schließlich schwingt der Weg rechts hinauf zur bewaldeten Kuppe des sagenumwobenen **Götzensteins**, auf dem ebenfalls eine Bank zur Rast lädt. Nach Verlassen der Götzensteinwälder leitet die »gelbe Scheibe« wieder aussichtsreich am Waldsaum entlang. Wir queren die Kreisstraße und tauchen hinter dem Sportplatz auf einem Hangweg in die Kisselbusch-Wälder ein und stoßen schließlich nach einem Zwischenabstieg auf eine Wegekreu-

Die Legende vom Götzenstein

Der Götzenstein ist eine von Granodioritfelsen durchbrochene, steil aufragende, von stimmungsvollem Buchenhochwald geschmückte Bergkuppe im Quellgebiet der Steinach. Sage und Legende bezeichnen ihn als alten Opfer- und Tingplatz und berichten: Nach dem Übertritt des siegreichen Frankenkönigs Chlodwig I. zum Chhristentum nahm nur Dietbert von der Bergstraße den neuen Glauben nicht an und wählte die einsame Bergkuppe bei der Steinachquelle, um weiter den alten Gottheiten zu opfern. Als er eines Nachts dort weilte, brach auf seinem Hof Feuer aus; ein Missionar und Einsiedler hörte die Klagerufe einer jungen Mutter, goss Wasser über sich, hüllte sich in nasse Felle und stürzte sich in die Flammen, um Mutter und Kind zu retten. Als Dietbert ihn später fragte, woher er die Kraft für diese Heldentat genommen hätte, verwies er auf den neuen Glauben. Da ließ sich Dietbert mit seiner ganzen Sippe taufen und kehrte nicht mehr an die alte Opferstätte zurück, die nun »Götzenstein« genannt wurde.

zung: Hier verlassen wir die »gelbe Scheibe« und folgen der »7« anfangs im Wald, dann aussichtsreich durch Wiesen hinab nach Birkenau-**Löhrbach**. Die »7« folgt der Landstraße kurz rechts und wechselt dann links auf einen aussichtsreichen Feldweg, der oben am Reichelsberg in exzellenter Aussichtslage auf den Weg »weißes Quadrat« mündet (Am Musenstein); letzterem folgen wir links, weiterhin mit hervorragender Aussicht, werden erneut zur Landstraße zurückgeführt und steigen dann rechts hinauf zum Wald, wo sich die Routen »weißes Quadrat« und »A5« trennen: Wir folgen der »A5« rechts hinauf, gelangen erneut in ein Wiesenland mit traumhafter Aussicht (Sitzbank). Im Wald passiert der »A5«-Weg das Naturdenkmal **Teufelsstein**, verlässt schließlich den Wald und leitet nach **Ober-Abtsteinach**. Bei den neuen Häusern am Dorfrand kann man wählen: Entweder wandert man geradeaus mit »A1« und kehrt direkt zurück zum Ausgangspunkt, oder man folgt der »A5« rechts durch das Dorf und wird auch von der »A5« zurück zur Steinachquelle geführt.

Der Götzenstein auf einer Bergkuppe oberhalb der Steinachquelle soll der Überlieferung nach ein vorchristliches Heiligtum gewesen sein.

Weinheim – Eichelberg – Hirschberg

Vom Weinheimer Schlosspark zum Wildeleutstein an der Mannheimer Hütte

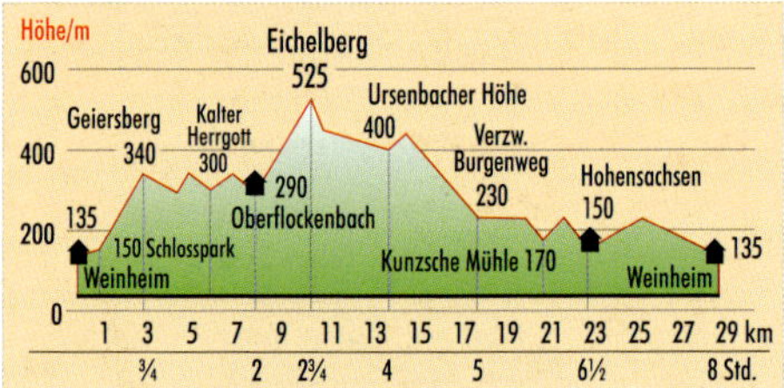

Ausgangspunkt: Hauptbhf. Weinheim. Anfahrt auf der A5 Frankfurt am Main – Heidelberg bis zum Kreuz Weinheim und weiter nach Weinheim.
Bahn: Hauptbhf. Weinheim der Linie Darmstadt – Zwingenberg – Bensheim – Heppenheim – Weinheim – Heidelberg/Schwetzingen/Mannheim.
Gehzeit: Etwa 8 Std, davon knapp 3 Std bis auf den Eichelberg.
Charakter: Park- und zuweilen recht steile Wald- und Wiesenwanderung.
Einkehr: Weinheim, Oberflockenbach, Mannheimer Hütte, Schriesheimer Hütte, Leutershausen, Hohensachsen.
Karte: KOMPASS Nr. 764.

Von Weinheim führt der Weitwanderweg Odenwald – Vogesen zum Aussichtsturm auf dem Eichelberg; der Abstieg leitet nach Hirschberg, von wo wir auf dem Burgenweg nach Weinhein zurückkehren.

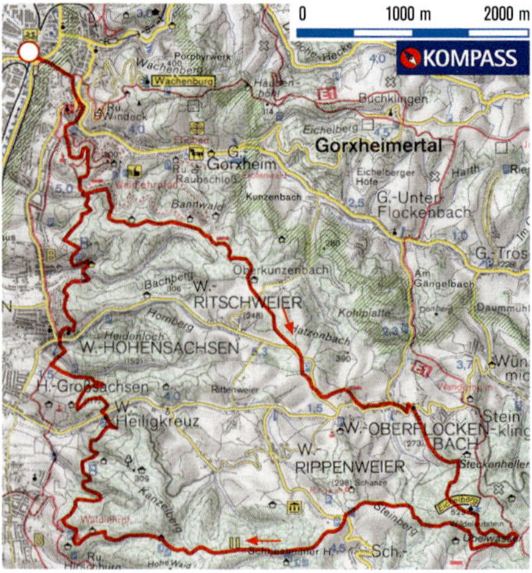

Vom Hauptbhf. **Weinheim** gehen wir wie Tour 18 durch das **Gerberviertel** (Hauptstraße) zum **Schlosspark** und folgen dann dem »Rotstrich« des Weitwanderwegs hinauf in den Wald. Der Weg überschreitet die Waldkuppen von **Geiersberg** und **Goldkopf**, an denen Schutzhütten bzw. Aussichtspavillons zur Rast laden, quert am Bildstock **Kalter Herrgott** die Straße Oberkunzen-

Das Dorf Lampenhain am Ostfuß des Eichelbergs.

bach – Ritschweier und leitet im Wechsel von Wiesen und Wald nach **Oberflockenbach**, wo wir der Großsachsener Straße am Rathaus vorbei und dann der Steinklingener Straße bis zur Kirche folgen und dort rechts in den Eichelbergweg abzweigen. Rasch gewinnt er den Wald, und nach recht steilem Aufstieg stehen wir am Aussichtsturm auf dem **Eichelberg**; die **Mannheimer Hütte** ist von Ostern bis ca. Ende November an Sonntagen bewirtschaftet. Kurz nach Verlassen des Gipfels sollte man den ausgeschilderten kurzen Abstecher links zur Höhle im **Wildeleutstein** unternehmen, dann folgen wir dem »Rotstrich«-Weg weiter abwärts. Unten auf einer aussichtsreichen Wiese vereinigt er sich kurz mit dem E1 (»x«) und wendet sich bei der Wegekreuzung an der Hohen Straße rechts (während der E1 geradeaus führt). An dieser Kreuzung taucht die Mark. »gelb //« auf, die uns während des Abstiegs die Route weist. Zunächst führt sie im Gleichlauf mit dem Rotstrich sacht abwärts, wechselt jedoch an der nächsten Gabelung rechts in den von schönem Wald bedeckten Südhang des Eichelberg. Zwischendurch erwartet eine weite, aussichtsreiche Wiese, dann taucht der Weg in der Nähe der von ca. April bis Oktober an Wochenenden bewirtschafteten **Schriesheimer Hütte** (Naturfreundehaus) in den Wald ein und führt hinab Richtung Hirschberg-Leutershausen. An der Verzweigung am Waldrand oberhalb des Dorfs muss man sich entscheiden: Entweder folgt man der Markierung hinab nach **Leutershausen** und fährt mit der Bahn zurück, oder wir folgen dem Burgenweg rechts durch den Wald ins Apfelbachtal und später dann durch aussichtsreiche Rebfluren zurück nach **Weinheim**.

Hohensachsen – Schanzenköpfle – Schriesheim

Idyllische Wald- und Weinbergwanderung auf Burgen- und Blütenweg

Ausgangspunkt: Rathaus in Weinheim-Hohensachsen. Anfahrt A5 Frankfurt am Main – Heidelberg, Ausfahrt Hirschberg und über Hirschberg weiter nach Hohensachsen.
Bus/Bahn: Buslinien 622, 623 und 625, nächster Bhf. in Weinheim.
Gehzeit: 5 Std., davon 2 Std bis zum Schanzenköpfle.
Charakter: Rebflur- und Waldtour auf meist bequemen, teils auch steileren Wegen und Pfaden.

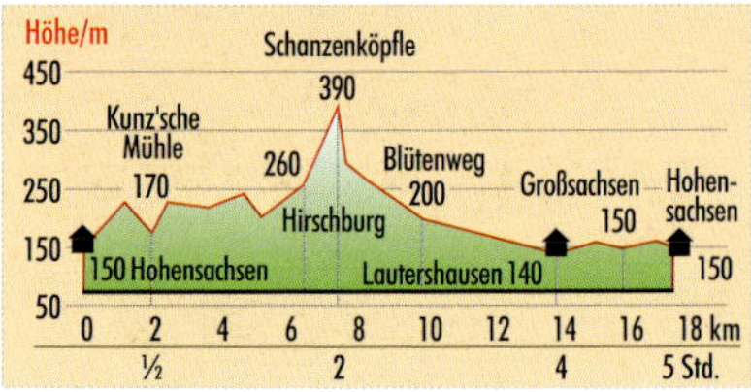

Einkehr: Hohensachsen, Schriesheim, Leutershausen.
Karte: KOMPASS Nr. 764.

Von Weinheim-Hohensachsen an der Bergstraße führt diese Wald- und Rebflurwanderung auf dem Burgenweg zu den Ruinen der Hirschburg und des Schanzenköpfles.

An der Kreuzung beim Rathaus von **Hohensachsen** folgen wir dem »blau-B« des Burgenwegs durch die Brunnengasse hinauf in die Weinberge, erste rechts und nach Überqueren des Kohlbachs die erste links und tauchen beim Wanderparkplatz **Kohlbach** in den Wald ein. Nach Umgehen des bewaldeten **Hundskopfs** senkt sich der Burgenweg in Serpentinen in das **Apfelbachtal**, gewinnt nach Passieren der **Kunz´schen Mühle** (Fabrik) wieder den Wald, folgt dem Höl-

Blick von der Steinernen Kanzel (direkt oberhalb des Burgenwegs) auf die Oberrheinebene.

lenquellenweg an der **Höllenquelle** vorbei und erreicht den Rastplatz Jägers Ruh. Hier wie auch im folgenden bietet der Burgenweg immer wieder weite Ausblicke, führt schließlich am Parkplatz **Kehrrang** oberhalb von Hirschberg-Leutershausen kurz durch die Rebflur, dann beginnt der Aufstieg zur **Hirschburg** (Sitzbänke). Die Hirschburg ist die Ruine eines Rundlings auf einem jetzt von Laubwald bedeckten Bergsporn über der Bergstraße. Möglicherweise handelt es sich um die erste Burg der 1174 erstmals erwähnten Herren von Strahlenberg; ab 1184 saßen hier die pfalzgräflichen Ministerialen von Hirschberg. Wahrscheinlich 1301 wurde sie vom römisch-deutschen König Albrecht von Österreich während eines Feldzugs gegen die Pfalzgrafen zerstört.

Der Burgenweg führt weiter aufwärts im Wald und erreicht die **Schanzenköpfle**-Ruinen. Diese Burg war vermutlich der im frühen 12. Jh. errichtete Stammsitz der 1142 erstmals erwähnten Edelfreien von Hirschberg. Den oberen Rand des 30 x 35 m großen Burgplateaus umzieht eine polygonal gebrochene Ringmauer, die an einigen Stellen noch über 2 m hoch erhalten ist. Von den Ruinen führt der Burgenweg im Wald weiter zu einer Schutzhütte und schlängelt sich dann in raschem Abstieg hinab in die Hänge über dem Kanzelbachtal. Dort verlässt er oberhalb von **Schriesheim** aussichtsreich den Wald und trifft beim **Besucherbergwerk Anna Elisabeth** auf den mit »gelb-B« markierten Blütenweg. Wer hinab nach Schriesheim geht, kann mit dem Bus zum Ausgangspunkt zurückfahren. Wir jedoch bleiben oben und folgen dem Blütenweg (auch die Straße trägt anfangs diesen Namen) durch die Weinberge nach **Leutershausen** und **Großsachsen** und zurück nach **Hohensachsen**.

Besucherbergwerk Anna Elisabeth

Das Besucherbergwerk »Grube Anna Elisabeth« in Schriesheim informiert über die 500 Jahre alten Grubenbaue und die Arbeitsweisen der Bergleute. Es handelt sich um ein Silber- und Vitriolbergwerk, dessen Außenanlagen aus dem 18. Jh. erhalten sind.

Leutershausen – Eichelberg – Weißer Stein – Schriesheim

Bergwanderung über die höchsten Höhen des Vorderen Odenwalds

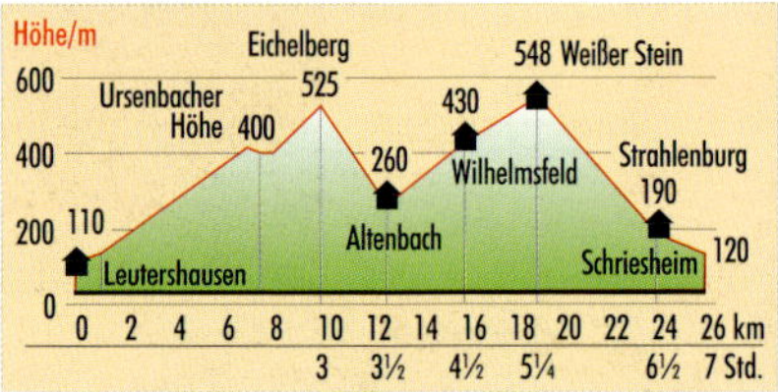

Ausgangspunkt: OEG-Bhf. Leutershausen. Anfahrt A5 Frankfurt a.M. – Heidelberg, Ausfahrt Ladenburg.
Bahn: OEG-Bahn Mannheim – Weinheim – Heidelberg.
Gehzeit: 7 Std. (3 Std auf den Eichelberg, plus gut 2 Std zum Weißen Stein).
Charakter: Bergwanderung mit einigen kräftigen Auf- und Abstiegen.
Einkehr: Leutershausen, Schriesheimer Hütte, Mannheimer Hütte, Altenbach, Wilhelmsfeld, Weißer Stein, Strahlenburg.
Karte: KOMPASS Nr. 764.

Von Hirschberg-Leutershausen an der Bergstraße führt diese Waldwanderung über die höchsten Höhen des Vorderen Odenwalds. Am OEG-Bhf. **Leutershausen** beginnt der mit »gelb //« markierte Wanderweg, der bis fast zum Eichelberg die Route weist. Wir folgen der Markierung durch die Bahnhofstraße, übergehend in Vordergasse, bis zur Kirche, wenden uns rechts (Obergasse), gleich links (Steig) und wieder links (Bergweg) und wandern durch Weinberge hinauf zum Grillplatz **Kehrrang**, dort kurz links, dann rechts hinauf in die Wälder. Mehrfach laden Schutzhütten zur Rast, bald nach Passieren des Naturfreundehauses **Schriesheimer Hütte** verlässt der Weg den Wald und führt nach Passieren des

Parkplatzes **Ursenbacher Höhe** über eine weite Wiese, an deren Ende wir die Mark. »gelb //« verlassen und den Lokalmarkierungen 1 und 6 halb links hinauf auf den **Eichelberg** folgen. Nun gibt der »Rotstrich« des Weitwanderwegs Odenwald – Vogesen die Route

Von der Strahlenburg fällt der Blick hinab auf Schriesheim.

vor: Kurz nach Verlassen des Gipfels sollte man den ausgeschilderten kurzen Abstecher links zur Höhle im **Wildeleutstein** unternehmen, dann folgen wir dem »Rotstrich«-Weg weiter abwärts. Unten auf einer aussichtsreichen Wiese vereinigt er sich kurz mit dem E1 (x-Mark.), wendet sich an Wegekreuzung an der Hohen Straße rechts (während der E1 geradeaus führt) und leitet – mit Blick zum Fernmeldeturm auf dem Weißen Stein – auf dem Bärsbacher Weg recht steil hinab nach **Altenbach** (Busanbindung nach Schriesheim). Nach Queren der Landstraße bei Rathaus und Kirche geht es auf der Kippstraße ebenso steil wieder aufwärts, ehe das Gelände oben im Wald einflacht. Bequem geht es weiter zum **Schriesheimer Hof** am Rand des Luftkurorts **Wilhelmsfeld**. Während der E1 zum **Teltschik-Turm** auf dem **Schriesheimer Kopf** hinaufführt (diesen Abstecher sollte man sich bei klarer Sicht nicht entgehen lassen), bleibt der Rotstrich im Hang, quert die Landstraße und führt bequem hinüber zum **Weißen Stein**, dem höchsten Berg des Vorderen Odenwalds. Hier wechseln wir auf den Gelbkreuz-Weg und folgen ihm im Wald hinab zur **Strahlenburg** und zum OEG-Bhf. in **Schriesheim**.

Weißer Stein

Der bewaldete Weiße Stein (548 m) ist als höchste Erhebung des Vorderen Odenwalds ein zentraler Knotenpunkt von Wanderwegen und Mountainbikerouten. Neben einem hölzernen Aussichtsturm (1906) lädt autofrei ein Gasthof mit Biergarten zur Rast.

Birkenau – Wilhelmsfeld – Ziegelhausen

Auf dem E 1 vom Weschnitz- ins Neckartal

Ausgangspunkt: Bahnübergang in Birkenau unterhalb des Bhfs. Anfahrt A5 Frankfurt am Main – Heidelberg bis Kreuz Weinheim und weiter über Weinheim nach Birkenau.
Bus/Bahn: Direkte Bus- und Bahnverbindung Birkenau – Weinheim.
Gehzeit: Gut 6½ Std, davon 3 Std bis zum Eichelberg.
Charakter: Schöne Berg- und Talwanderung mit zahlreichen Auf- und Abstiegen und wunderbaren Aussichtsstellen.

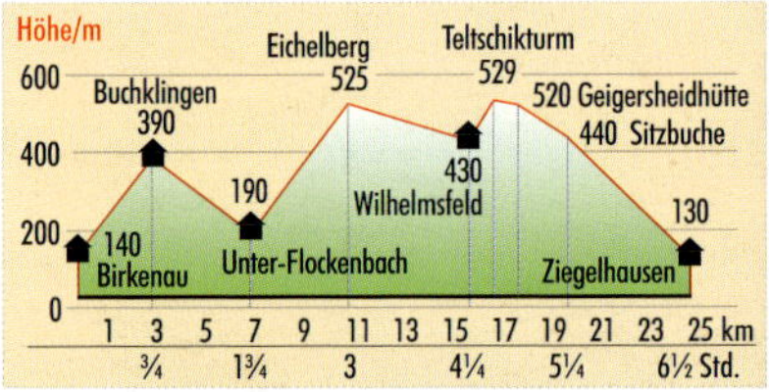

Einkehr: Birkenau, Buchklingen, Unter-Flockenbach, Steinklingen, Wilhelmsfeld, Ziegelhausen.
Karte: KOMPASS Nr. 764.

Zahllose Bergkuppen, teils bewaldet, teils mit exzellenter Aussicht, grüne Wiesentäler und Fachwerkdörfer prägen die dritte Odenwaldetappe des E1 zwischen dem Sonnenuhrendorf Birkenau im Weschnitztal und Heidelberg-Ziegelhausen im Neckartal.

Steil führt der E1 von Buchklingen hinab in das Gorxheimertal; am Horizont (Sendeturm) der Weiße Stein.

Vom Bahnübergang in **Birkenau** folgen die x-Mark. des E1 der Straße (Kreuzgasse/Obergasse) Richtung Kallstädter Tal aufwärts, wechseln bald halb rechts in den Gorxheimer Weg, dann links Leuschnerstraße, ehe die Bebauung endet und es in Wiesen steil zum Wald hinaufgeht. Für die Mühe des Aufstiegs entschädigen oben nach Verlassen des Walds wunderschöne Ausblicke auf die Höhen über dem Kallstädter Tal. Dann erreichen wir das Höhendorf **Buchklingen**, wo sich der E1 vorübergehend mit der Route »weißes Quadrat« vereinigt, sich dann trennt und hinabführt in das alte Waldhufendorf Gorxheimertal-**Unter-Flockenbach** im Grundelbachtal. Hier geht es an der Landstraße kurz abwärts, dann links einige Minuten die Kreisstraße (Oberflockenbacher Straße) im Gängelbachtal aufwärts, ehe der E1 an den Waldrand wechselt, die unsichtbare Grenze zwischen Hessen und Baden überquert und durch Wiesen in das Höhendorf Weinheim-**Steinklingen** hinaufführt. Südlich des Dorfs taucht der E1 wieder in den Wald, umgeht teilweise sehr aussichtsreich den **Eichelberg** (Aussichtsturmhütte), trifft am **Hirtenstein** auf die Kreisstraße, folgt ihr zum Naturfreundehaus **Kohlhof** und erreicht dann den Luftkurort **Wilhelmsfeld**. Am südlichen Ortsrand beginnt der Aufstieg zum **Teltschikturm**, einem Aussichtsturm (192 Stufen!) auf dem **Schriesheimer Kopf**, dem mit 529 m höchs-

In Ziegelhausen besteht Bus- und Bahnverbindung nach Heidelberg, hier kreuzen auch der nach Heidelberg führende Rhein-Neckar-Weg und am gegenüberliegenden Ufer der Neckartal-Randweg.
Der E1 hingegen führt südwärts weiter über den Kleinen Odenwald in den Kraichgau.

ten Punkt dieser Etappe; der 36 m hohe Turm überragt die Wipfel der Bäume und ermöglicht bei klarer Sicht ein prachtvolles Panorama. Bequem geht es im Wald weiter zur **Geigersheidhütte** und zur Schutzhütte an der **Sitzbuche**, und bald nach Passieren des **Pferchel**-Grillplatzes erreichen wir Heidelberg-**Ziegelhausen** im Neckartal.

Schriesheim – Strahlenburg – Schauenburg

Ruinenschönheit hoch über der Bergstrasse

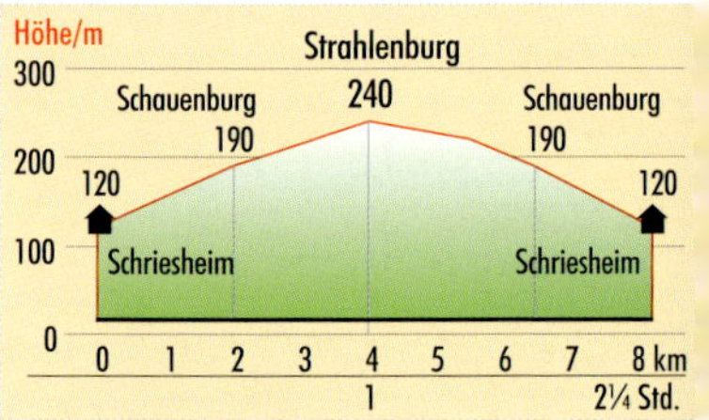

Ausgangspunkt: OEG-Bhf. Schriesheim an der B3. Anfahrt A5 Frankfurt a.M. – Heidelberg, Ausfahrt Ladenburg und weiter nach Schriesheim.
Bahn: OEG-Bahn Mannheim – Weinheim – Schriesheim – Heidelberg.
Gehzeit: Knapp 2½ Std, davon gut 1 Std zur Strahlenburg.
Charakter: Leichte, aussichtsreiche Weinberge- und Waldwanderung.
Einkehr: Schriesheim, Starkenburg (Dossenheim).
Karte: KOMPASS Nr. 764.

Mit der Strahlen- und der Schauenburg berührt diese aussichtsreiche Wanderung zwei der berühmtesten Burgen der südlichen Bergstraße.
Vom Bhf. **Schriesheim** leitet die Gelbkreuz-Markierung nach Queren der B3 durch die Bahnhofstraße in die Altstadt der Wein-, Obst- und ehemaligen Bergstadt mit ihren alten Fachwerkhäusern und führt hinauf zur mitten in den Weinbergen aufragenden Ruine der **Strahlenburg**.
Von der Strahlenburg folgen wir der Mark. »blau-B« des Burgenwegs (zunächst noch zusätzlich »Gelbkreuz«) ein kurzes Stück aufwärts und wechseln dann rechts in den Hang. Im Wechsel von aussichtsreichen Weinbergen und Wald führt der Burgenweg

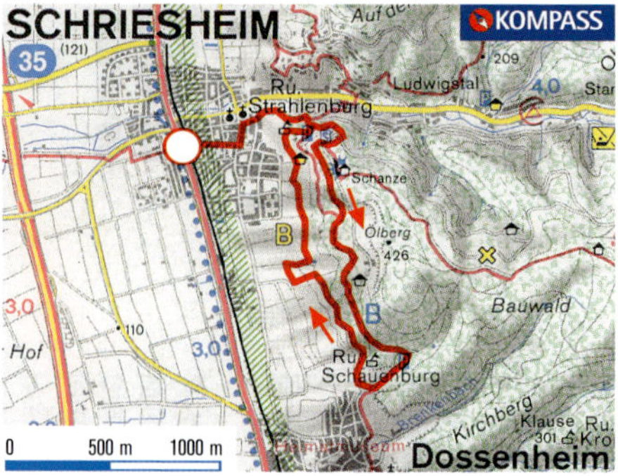

hinüber zur Ruine der **Schauenburg** hoch über Dossenheim und dem gewaltigen Krater des Porphyrsteinbruchs (»Schlossbruch«); im Hintergrund zeigt sich Heidelberg am Austritt des Neckartals aus dem Odenwald. Die Schauenburg auf einer die Bergstraße beherrschenden Höhe wurde als

Die Ruine der Strahlenburg ist das Wahrzeichen Schriesheims.

Stammburg der 1130–1277 genannten Grafen von Schauenburg errichtet. 1319 kam sie in den Besitz der Mainzer Erzbischöfe, 1460 wurde sie zerstört. Etwa ein Drittel der Anlage wurde ab 1891 durch den Porphyrsteinbruch zerstört, erhalten sind noch beachtliche Reste der Schild- und Ringmauer samt Graben.
Von der Ruine Schauenburg führt der Burgenweg hinab in ein Tal und leitet dann durch die Steinbruchlandschaft abwärts Richtung **Dossenheim**. Noch vor Erreichen des Orts zweigt rechts der mit dem Buchstaben »gelb-B« bezeichnete Blütenweg ab; ihm folgen wir aussichtsreich durch die Weinberge zurück nach **Schriesheim**.

Strahlenburg

Die Strahlenburg ist das Wahrzeichen von Schriesheim. Konrad von Strahlenberg ließ vor 1237 hoch über dem seit der Antike besiedelten Schriesheim die Stammburg der Strahlenberger errichten. Um 1250 legten die Strahlenberger südlich des Dorfs Schriesheim eine Stadt an, die den Kern der heutigen Stadt bildet. 1733 wurde die in spätromanischen und frühgotischen Formen errichtete Burg teilweise abgebrochenen, erhalten sind u. a. der 27 m hohe Bergfried und die flankierenden Schildmauern. Große Spitzbogenfenster prägen die Südwand des Palas. Der integrierte Burggasthof »Strahlenburg« mit Aussichtsterrasse bietet Gästen kulinarische Köstlichkeiten in historischem Ambiente.
Heinrich von Kleist machte die Strahlenburg auch in der Literatur bekannt: In dem Ritterschauspiel »Das Käthchen von Heilbronn« (1810) gesteht das Käthchen auf der Strahlenburg dem Grafen Wetter im Traum seine Liebe.

25

Schriesheim – Weißer Stein – Handschuhsheim

Über den höchsten Berg des Vorderen Odenwalds

Ausgangspunkt: OEG-Bhf. Schriesheim an der B3. Anfahrt auf der A5 Frankfurt am Main – Heidelberg Ausfahrt Ladenburg und weiter nach Schriesheim.
Bahn: OEG-Bahn Mannheim – Weinheim – Schriesheim – Handschuhsheim – Heidelberg.
Gehzeit: 4 Std, davon 2 Std zum Weißen Stein.
Charakter: Ruhige Bergwanderung im Wald mit schönen Aussichtsstellen.

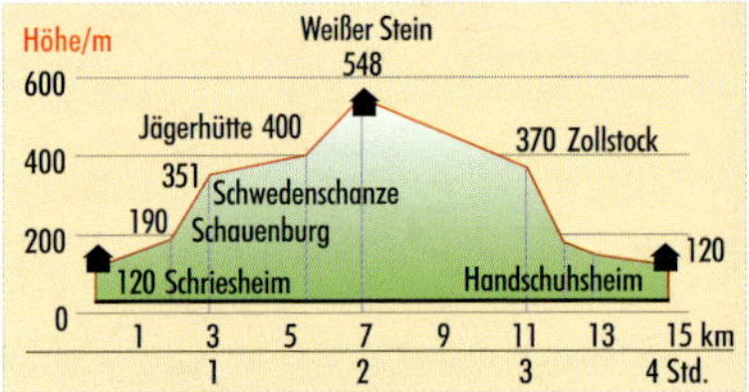

Einkehr: Schriesheim, Strahlenburg, Weißer Stein, Handschuhsheim.
Karte: KOMPASS Nr. 764.

Nach dem Aufstieg zur Strahlenburg, dem Wahrzeichen Schriesheims, führt diese Waldwanderung auf den Weißen Stein, die höchste Erhebung des Vorderen Odenwalds. Der Abstieg führt durch den Hang des Heiligenbergs nach Handschuhsheim mit der Tiefenburg und der Vituskirche, eine der ältesten Kirchen an der Bergstraße.

Vom OEG-Bhf. **Schriesheim** folgen wir dem »Gelbkreuz« wie Tour 24 hinauf zur mitten in den Weinbergen aufragenden Ruine der **Strahlenburg**. Von hier aus führt das Gelbkreuz im Wald weiter aufwärts zu der Schutzhütte am geologischen Naturdenkmal **Schwedenschanze**. Nach diesem Aufstieg geht es bequem im Hang weiter durch die Wälder, ehe kurz hinter der Schutzhütte **Jägerhütte** das Gelände ansteigt zum **Wei-**

Rast an den Ruinen der Michaelsbasilika auf dem Heiligenberg.

ßen Stein (vgl. S. 65). Auf dem Weißen Stein verlassen wir die Gelbkreuz-Route und folgen dem »Rotstrich« des Weitwanderwegs Odenwald – Vogesen auf der Gasthofzufahrt südwärts zum Wanderparkplatz **Raue Buch**. Hinter dem Parkplatz wechselt die Rotstrich-Markierung rechts auf den Oberen Jagdhausweg, einen Hangweg, der in schönem Wald zur **Holdermannseiche** führt und dort auf die **Hohe Straße** mündet. Die Hohe Straße (Forstweg), eine uralte Odenwald-Nord-Süd-Verbindung von Michelstadt über die Tromm und Wilhelmsfeld nach Heidelberg, führt rechts weiter zur großen Schutzhütte am **Zollstock**, wo uns auch ein Brunnen Erfrischung spendet.

Gleich darauf zweigt der mit einem »umgekehrten weißen T« bezeichnete Weg, der uns seit der Holdermannseiche zusätzlich zum Rotstrich begleitet hat, rechts ab, führt steil und in Serpentinen abwärts und mündet dann auf einen Waldweg. An der Wegekreuzung am Waldrand geht es hinab, nun zusätzlich mit dem »gelb-B« des Blütenwegs, nach **Handschuhsheim**. Dort leitet das »umgekehrte weiße T« an der **Tiefburg** und am **Schlösschen** vorbei zum OEG-Bhf.

Vituskirche, Tiefburg und Schlösschen

Das seit vorgeschichtlicher Zeit besiedelte Handschuhsheim am Fuß des Heiligenbergs, 765 als Hantscuhesheim in einer Schenkung an das Kloster Lorsch erstmals erwähnt, ist einer der ältesten Orte an der Bergstraße. Die 1053–57 unter Abt Arnold von Lorsch als dreischiffige Basilika errichtete, 1483 gotisch umgebaute Vituskirche mit ihren sehenswerten Grabdenkmälern erhebt sich an der Stelle einer 778 erstmals erwähnten Kapelle und ist die älteste Kirche auf Heidelberger Stadtgebiet. Nahebei finden sich die zum Teil wieder aufgebauten Ruinen der Tiefburg, einer Burganlage aus dem 14./15. Jh. Gegenüber der Tiefburg befindet sich das Gut mit dem sog. Schlösschen; ab 1783 befand es sich im Besitz der Familie Rottmann, deren berühmteste Vertreter die Maler Friedrich Rottmann (1768–1816) und Carl Rottmann (1797–1850) waren. Später ging es in den Besitz des Engländers G.B. Graham über, der hier den Grahampark anlegen ließ.

Handschuhsheim – Heiligenberg – Handschuhsheim

Auf Heidelbergs »heiligen Berg«

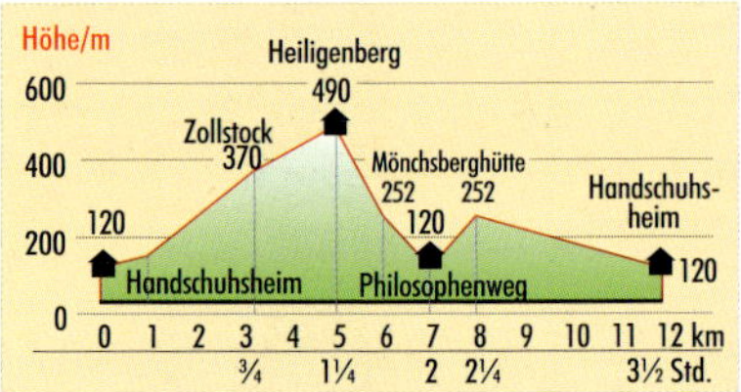

Ausgangspunkt: OEG-Bhf. Handschuhsheim an der B3 Heidelberg – Weinheim.
Bahn: OEG-Bahn Mannheim – Weinheim – Schriesheim – Handschuhsheim – Heidelberg.
Gehzeit: Knapp 3½ Std, davon 1¼ Std zum Heiligenberg.
Charakter: Teils steile Waldtour mit prachtvollen Heidelberganansichten und Rheintalpanoramen.
Einkehr: Handschuhsheim, Heiligenberg, Philosophenweg.
Karte: KOMPASS Nr. 764.

Von Handschuhsheim führt diese Wanderung über den geschichtsträchtigen Heiligenberg mit seinen prächtigen Ausblicken auf Heidelberg und das Neckartal. Am OEG-Bahnhof in Heidelberg-**Handschuhsheim** beginnt der mit »weißes umgekehrtes T« markierte Wanderweg Richtung Neckargerach/Oberschefflenz.
Wir folgen der Markierung ortseinwärts an der **Tiefburg** und

dem **Schlösschen** vorbei, biegen dahinter in die Mühltalstraße ein und wechseln gleich rechts in die Amselgasse, übergehend in Neulichweg, kreuzen oben am Waldrand den Burgenweg und wandern dann im Nordhang des Heiligenbergs zuletzt steil aufwärts zum **Zollstock**. Dort lädt uns eine Schutzhütte zur Rast ein, und ein Brunnen spendet uns Erfrischung.
Ab hier folgen wir dem Markierungszeichen »Rotstrich« des Weitwanderwegs Odenwald – Vogesen in sachtem, dann stärkerem Anstieg hinauf auf den **Heiligenberg**.
Auf dem Gipfel (kurzer Abstecher) finden sich die Ruinen der ehemaligen Wallfahrtskirche und die im Boden markierten Fundamentreste eines römischen Merkurtempels.

Rast beim Aussichtsturm neben den Ruinen des Stephansklosters auf dem Heiligenberg hoch über Heidelberg.

Nach dem Gipfelabstecher folgen wir weiter dem Rotstrich an der in NS-Zeiten errichteten **Thingstätte** vorbei (findet als Freilichtbühne Verwendung), passieren die Waldschänke (Ausflugsgaststätte) und gelangen bei den Resten des Stephanskloster zum **Stephansturm**, an dem sich ein ausgezeichneter Blick auf Heidelberg öffnet.
Wenige Meter weiter unten ist rechts das überdachte **Heidenloch** zu sehen, ein 56 m tiefer Schacht.
Wir folgen nun der nach rechts schwingenden Zufahrtsstraße kurz abwärts, biegen hinter der Kurve scharf links ab und gelangen zur **Fuchsrondellhütte**; hier bietet sich zwischen Zweigen von Buchen ein wunderschöner Blick auf Heidelberg.
Wenig später vereinigt sich der Rotstrichweg an der aussichtsreichen **Mönchsberghütte** mit dem Burgenweg (Markierung »Blau-B«) und dem Blütenweg (Markierung »Gelb-B«).
An dieser Stelle muss man sich entscheiden: Über den Blütenweg (rechts) gelangt man direkt zurück nach Handschuhsheim; bei klarer Sicht ist es jedoch unbedingt zu empfehlen, dem Rotstrichweg weiter zum **Bismarck-**

Die Thingstätte im Hang des Heiligenbergs wird bis heute als Freilichtbühne zu Veranstaltungen genutzt.

turm (Aussichtsturm) und zum **Philosophenweg** zu folgen. Hier am Philosophenweg genießt man das weltberühmte Alt-Heidelberg-Panorama. Dem Philosophenweg folgen wir weiter rechts hinab (Markierung »Rot-R«) Richtung **Neuenheim**, wo wir schließlich wieder auf den Blütenweg treffen und ihm rechts hinauf zurück zur Mönchsberghütte folgen.

Philosophenweg

Der aussichtsreiche Philosophenweg im Sonnenhang des Heiligenbergs hoch über Heidelberg und dem Neckartal ist Deutschlands berühmtester Spazier- und Wanderweg.

Philosophen wie Hegel sind hier spazieren gegangen, Dichter und Maler wie Brentano, Eichendorff, Goethe und viele andere haben von hier aus den Heidelberger »Dreiklang« von Altstadt, Fluss und Bergen bewundert, beschrieben und besungen.

Der Blick von der Meriankanzel gleicht perspektivisch dem Kupferstich von Heidelberg, den Matthäus Merian im Jahre 1620 schuf.

Die Hölderlin-Anlage ist wiederum jenem Dichter gewidmet, der das wohl berühmteste Gedicht auf Heidelberg verfasste.

Aufblick vom Neckar in Heidelberg zum Heiligenberg.

Heiligenberg

Der Heidelberger Heiligenberg ist wohl einer der berühmtesten und sicherlich geschichtsträchtigsten Odenwaldberge.
Bereits die Kelten umgaben seine Gipfelpartie mit Ringwällen, die Römer errichteten auf dem Gipfel einen Merkurtempel, und der Klosterstaat Lorsch wandelte die Gipfelpartie ab etwa 870 innerhalb der keltischen Ringumwallung in ein christliches Heiligtum um.
Um das Jahr 1020 ließ der Lorscher Abt Reginbert ein Kloster zu Ehren des heiligen Michael und aller Heiligen errichten; von diesem Klosterbau stammen die Hauptteile der heutigen Ruine auf dem Gipfel, darunter der Michaelsbasilika.
Nach dem Niedergang des Klosterstaats Lorsch ging der Berg in den Besitz des Mainzer Erzstuhls über, und dieser berief ab 1266 Prämonstratenser aus dem Nordschwarzwald-Kloster Allerheiligen; seither trägt der Berg den Namen (Aller-)Heiligenberg.
Als Wallfahrtsort hatte das Michaelskloster auch noch im Spätmittelalter Bedeutung.

Heidelberg – Philosophenweg – Königstuhl

Heidelberger Dreiklang: Altstadt, Fluss und Berge

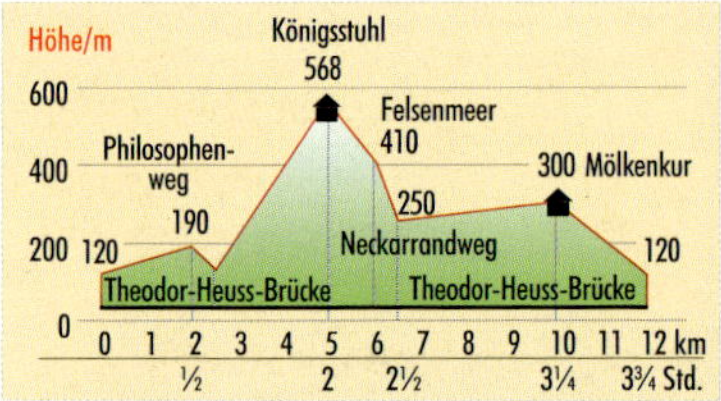

Ausgangspunkt: Nordende der Theodor-Heuss-Brücke in Heidelberg-Neuenheim; keine Langzeitparkmöglichkeiten in unmittelbarer Nähe; am besten mit der Straßenbahn zur Haltestelle Ladenburger Straße fahren; die Haltestelle befindet sich in der Brückenstraße (Verlängerung der Theodor-Heuss-Brücke).
Bahn: HSB-Linien 1, 3 und 12.
Gehzeit: Knapp 4 Std., davon 2 Std bis zum Königstuhl.
Charakter: Wald-, Stadt- und Bergwanderung mit kräftigen Auf- und Abstiegen.
Einkehr: Eichendorffanlage, Altstadt, Schlossbereich, Molkenkur, Königstuhl.
Karte: KOMPASS Nr. 764.

Diese aussichtsreiche Kultur- und Naturwanderung verbindet mit dem Philosophenweg, dem Heidelberger Schloss und dem Königstuhl drei der berühmtesten Ziele im Neckartal-Odenwald.
Das Nordende der Theodor-Heuss-Brücke in Heidelberg-**Neuenheim** erreicht man auf dem Rhein-Neckar-Weg (»Rot-R«), der von Ladenburg aus dem Flussufer aufwärts folgt, oder auf dem Blütenweg (»Gelb-B«), der von Heidelberg aus über die Theodor-Heuss-Brücke wechselt und sich nun in der Bergstraße kurz mit dem Rhein-Neckar-Weg vereinigt: An der ersten Kreuzung zweigt rechts hinauf der **Philosophenweg** ab (»Rot-R«), eine der bekanntesten Promenaden Deutschlands. Bald tritt die Bebauung zurück, und wir genießen im Sonnenhang des Heiligenbergs den prachtvollen Blick auf das Neckartal, die Heidelberger Altstadt mit dem Schloss und dem steil aufragenden Königstuhl.

An der **Eichendorffanlage** mündet der Weitwanderweg Odenwald – Vogesen ein, dessen »Rotstrich« bis zum Königstuhl die Route weist. Er folgt dem Philosophenweg weiter zum Liselottestein, der an Liselotte von der Pfalz erinnert, und wechselt wenig später (Abstecher kurzes Stück geradeaus: Die **Hölderlinanlage** trägt den Namen des Dichter der berühmtesten Heidelberg-Ode: »Lange lieb ich dich schon...«) rechts auf den Schlangenweg, der in Serpentinen zur **Alten Brücke** (Karl-Theodor-Brücke), der berühmtesten Neckarbrücke. Auf der gegenüberliegenden Seite erreichen wir das **Brückentor**, befinden uns nun in der Heidelberger Altstadt und gehen durch die Steingasse zum **Marktplatz**. Wir umrunden die Heilig-Geist-Kirche rechts und gelangen zum altehrwürdigen **Hotel Ritter** und zum **Kornmarkt**.

Wer den Anstieg zum Schloss (über 300 Stufen!) bzw. zum Königstuhl scheut, kann hier in die **Bergbahn** steigen (Stationen: Kornmarkt, Schloss, Molkenkur und Königstuhl), verpasst dann aber das Schloss. Vom Kornmarkt folgen wir dem »Rotstrich« rechts hinauf über den **Kurzen Buckel** und erreichen den Eingang zum **Schlosspark** in unmittelbarer Nähe des **Heidelberger Schloss**.

Beim Gasthaus »Burgfreiheit« geht es hinter der Mauer links hinauf zum Molkenkurweg, dem der Rotstrich kurz folgt, um dann rechts in den Friesenweg einzubiegen. Von der Brücke über die Bergbahn fällt der Blick hinab ins Tal, wir wandern durch Wälder hinaus zum Gasthof **Molkenkur** am Standort der 1537 zerstörten oberen Burg. Wir gehen zur Bergbahnstation und zweigen dort rechts in den Wald ab, einem Serpentinenweg folgend, der zweimal die **Himmelsleiter** genannte Stufenanlage kreuzt und schließlich an der Bergstation der Bergbahn den **Königstuhl** erreicht. Der schönste Aussichtspunkt befindet sich direkt neben dem Berghotel.

Von hier links am Aussichtsturm und an verschiedenen Funkanlagen vorbei, bis links der Pfad Richtung Felsenmeer (Ausschilderung) abzweigt. Am oberen Rand des **Felsenmeers** muss man sich entscheiden: Der Steig durch das eindrucksvolle Felsenmeer ist steil; er mündet weiter unten auf den Neckarrandweg (»Gelb-R«), dem man links zurückfolgt; wer den steilen Gang durch das Felsenmeer vermeiden will, folgt dem mit »V« bezeichneten Hangweg links hinab und gelangt ebenfalls auf den Neckarrandweg. Letzterem folgen wir links zurück zur **Molkenkur** und durch den bewaldeten Hang des Geißbergs und zuletzt in Kehren hinab in die Stadt.

Kornmarkt, mit Blick zur Schlossruine.

28

Neuenheim – Ziegelhausen – Heidelberg

Wälder und Panoramen beidseits des Neckars

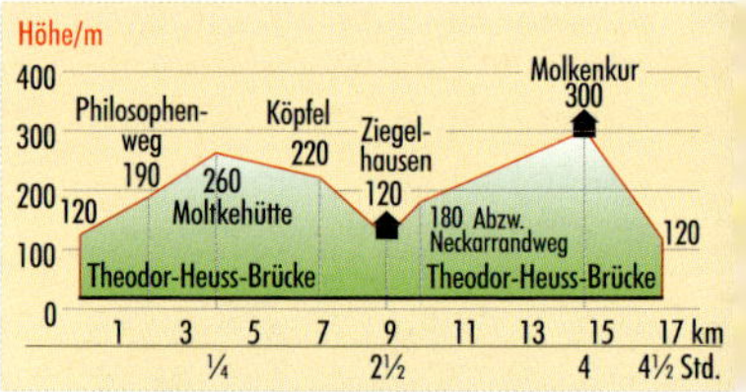

Ausgangspunkt: Nordende der Theodor-Heuss-Brücke in Heidelberg-Neuenheim; keine Langzeitparkmöglichkeiten in unmittelbarer Nähe; am besten mit der Straßenbahn zur Haltestelle Ladenburger Straße fahren; die Haltestelle befindet sich in der Brückenstraße (in Verlängerung der Theodor-Heuss-Brücke).
Bahn: HSB-Linien 1, 3 und 12.
Gehzeit: Gut 4½ Std, davon 2½ Std bis Ziegelhausen.
Charakter: Aussichts- und Waldwanderung in den Hängen über dem Neckartal.
Einkehr: Eichendorffanlage, Ziegelhausen, Molkenkur, Heidelberg.
Karte: KOMPASS Nr. 764.

Von Heidelberg-Neuenheim führt diese abwechslungsreiche Aussichts- und Waldwanderung im Sonnenhang über dem Neckartal über den Philosophenweg und an der Abtei Neuburg vorbei nach Ziegelhausen. Von dort kehrt man mit dem Zug zurück oder folgt dem Neckarrandweg auf der linken Seite des Tals.
In **Neuenheim** leitet die Mark. »Rot-R« des Rhein-Neckar-Wegs (zugleich Südvariante des E8) wie bei Tour 27 auf dem **Philosophenweg** durch den Südhang des **Heiligenbergs** mit prachtvollen Ausblicken auf das Tal, die Altstadt und den Königstuhl.
Kurz hinter der **Hölderlinanlage** taucht der Rhein-Neckar-Weg in den Wald ein, zwischendurch lädt die **Moltkehütte** (Schutzhütte)

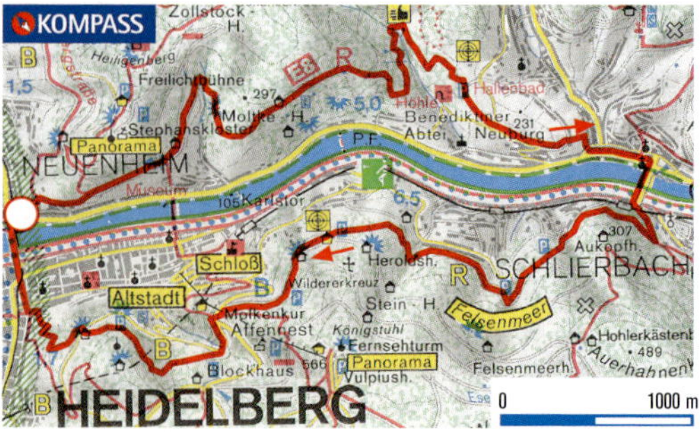

zur Rast, dann tritt der Weg am Parkplatz/Bushaltestelle beim Freizeitzentrum **Köpfel** aussichtsreich aus dem Wald: Der Blick fällt durch das Neckartal zurück auf Heidelberg und bei klarer Sicht auf

Von der autofreien Alten Brücke, auf der der E8 in Heidelberg den Neckar überquert, schweift der Blick zum Heiligenberg, in dessen Hang der Philosophenweg verläuft.

Speyer und bis hin zum Pfälzerwald. Durch aussichtsreiche Wiesen und zuletzt über eine Stufenanlage geht es nun hinab nach Heidelberg-**Ziegelhausen** und zur Laurentiuskirche. Dort verlassen wir den Rhein-Neckar-Weg, folgen der »x«-Mark. des Europäischen Fernwanderwegs kurz geradeaus und dann rechts über Ziegelhäuser Brücke zum **Bhf. Schlierbach-Ziegelhausen**; hier kann man den Zug zum Hauptbhf. Heidelberg nehmen. Wer zu Fuß zurückwandern will, folgt dem E1 ein kurzes Stück aufwärts zum Wald, wo der mit »Gelb-R« markierte Neckarrandweg kreuzt: Teils als Pfad, teils als bequemer Forstweg führt er mit einigen hervorragenden Ausblicken oberhalb von Schlierbach durch den Wald, passiert die Bergbahnstation **Molkenkur** im Hang des Königstuhls und senkt sich dann hinab nach **Heidelberg**.

Benediktinerabtei Neuburg

Die 1130 gegründete Benediktinerabtei Neuburg auf der aussichtsreichen Kuppe zwischen Neckar und Mausbach wurde während der Reformation 1562 aufgelöst und ist seit 1926 wieder mit Benediktinern besetzt. Diese führen die alte Kunst des Klostergartenbaus fort (Hofladen). Berühmt sind die Gebäude auch als ehemalige »Romantikerklause«: 1825 erwarb Goethes Rechtsanwalt und Neffe, der Kaiserliche Rat Johann Friedrich Schlosser, die Abtei und machte sie zu einer Begegnungsstätte der Heidelberger Spätromantik.

Ziegelhausen – Neckargemünd

Wälder und Panoramen beidseits des Neckars

Ausgangspunkt: Bhf. Schlierbach-Ziegelhausen (= Bushaltestelle Schlierbach Bhf. in Heidelberg-Schlierbach. Anfahrt B 37 Heidelberg – Eberbach. **Bahn/Bus:** Bahn Heidelberg – Eberbach; Heidelberger Stadtbus. **Gehzeit:** 3¾ Std, davon knapp 2 Std bis Neckargemünd.

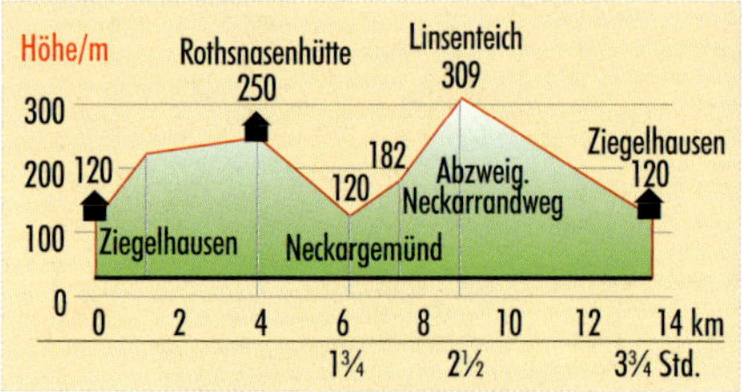

Charakter: Waldwanderung auf Wegen und Pfaden mit zahlreichen Aussichtstellen.

Einkehr: Ziegelhausen, Neckargemünd. **Karte:** KOMPASS Nr. 764.

Von Heidelberg-Ziegelhausen folgen wir dem Rhein-Neckar-Weg mit zahlreichen Aussichtsstellen durch die bewaldeten Hänge über dem Flusstal nach Neckargemünd. Dort kann man mit dem Zug nach Ziegelhausen bzw. Heidelberg zurückfahren, man kann aber auch mit dem Schiff nach Heidelberg fahren – oder auf dem Neckarrandweg links des Flusses zurückwandern.

Vom **Bhf. Schlierbach-Ziegelhausen** folgen wir der »x«-Mark. des E1 geradeaus über die Ziegelhäuser Brücke, wenden uns in **Ziegelhausen** am Ende links zur Laurentiuskirche und treffen dort auf die »Rot-R«-Mark. des Rhein-Neckar-Wegs (zugleich Südvariante des E8). Der Rhein-Neckar-Weg folgt der Schönauer Straße hinauf in den Wald und schwingt oben in das vom Rauschen des Bärenbachs erfüllte Waldtal. Weiter geht es auf naturnahen Pfaden im Steilhang über dem Neckartal, und kurz nach der Einmündung des mit »Blaustrich« markierten Wegs lädt die **Rothsnasenhütte** mit Blick auf Neckargemünd zur Rast.

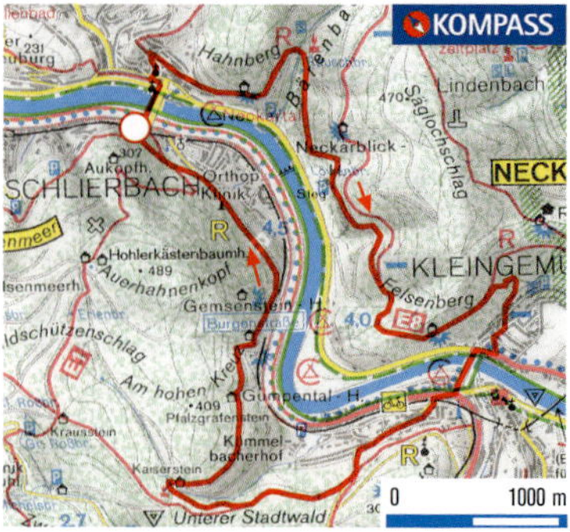

An der nächsten Verzweigung verlassen wir den Rhein-Neckar-Weg, folgend dem Blaustrich aussichtsreich hinab nach Kleingemünd, überqueren auf der Friedensbrücke den Neckar und treffen am Ende auf die Bahn-

Die »Romantiker«-Abtei Neuburg im Hang über dem Neckartal bei Ziegelhausen.

hofstraße. Während sich der »Blaustrich« hier links verabschiedet (dort befindet sich auch die Schiffsanlagestelle), folgen wir der Rotkreuz-Markierung kurz rechts durch die Bahnhofstraße, überqueren die Gleisanlagen gleich darauf links auf der Schützenhausbrücke und folgen dem »Rotkreuz« durch die Schützenhausstraße und dann links in den Wald hinauf Richtung Melacpass.

Noch vor Erreichen der Passhöhe kreuzt der mit dem Buchstaben »Gelb-R« markierte Neckarrandweg, der durch die Wälder zurück nach Schlierbach führt.

Ein schöner Rastplatz ist die Hütte am **Linsenteicheck** (Linsen = Wasserlinsen, Eck = Knick: Die Gemarkungsgrenze Heidelberg – Neckargemünd) knickt an dieser Stelle ab.

Auf einem bequemen Forstweg führt der Neckarrandweg weiter durch die Wälder im Hang über dem Neckartal, immer wieder öffnen sich schöne Ausblicke.

Oberhalb von Schlierbach wechselt der Neckarrandweg links auf einen Pfad (man kann auch geradeaus hinabgehen), und sobald die Wegekreuzung mit der Markierung »x« des E1 auftaucht, folgen wir ihm rechts hinab zu unserem Ausgangspunkt, dem Bahnhof von **Schlierbach-Ziegelhausen**.

Neckargemünd – Dilsberg – Neckarsteinach

Fünf-Burgen-Wanderung

Ausgangspunkt: Bhf. Neckargemünd. Anfahrt auf der A5 Frankfurt am Main – Basel bis zum Kreuz Heidelberg, dann via Heidelberg auf der B 37 Richtung Eberbach.
Bahn: Bahnlinie Heidelberg – Neckargemünd – Neckarsteinach – Eberbach.
Gehzeit: 3¾ Std, davon gut 1½ Std bis Dilsberg.
Charakter: Wald- und Aussichtswanderung mit einigen steilen Auf- und Abstiegen.

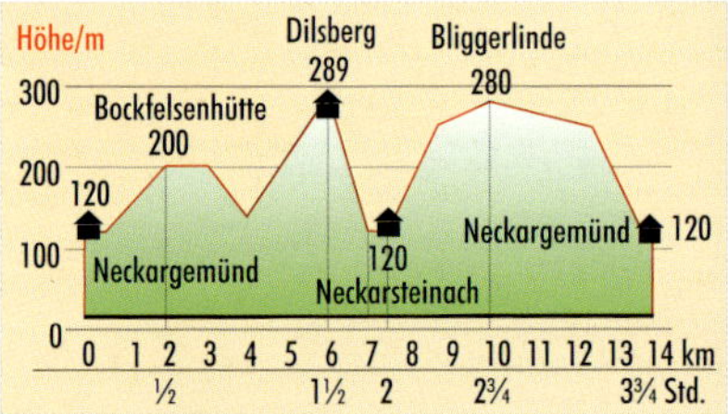

Einkehr: Neckargemünd, Dilsberg, Neckarsteinach.
Karte: KOMPASS Nr. 764.

Von der Fachwerkstadt Neckargemünd führt diese abwechslungsreiche Wald- und Aussichtstour zur Feste Dilsberg und zu den vier Burgen von Neckarsteinach. Vom Bhf. **Neckargemünd** folgen wir der Bahnhofstraße (=B 37) stadteinwärts, überqueren die Elsenz und gelangen, der »Rotkreuz«-Mark. folgend zur Neckarpromenade, wo sich auch die Schiffsanlegestelle befindet. Nach Unterqueren der Eisenbahnbrücke wechselt die »Rotkreuz«-Mark. rechts in den Hang und vereinigt sich mit dem Neckarrandweg (»Gelb-R«). In gemeinsamer Routenführung geht es – teils auf Stufen – hinauf zur aussichtsreichen **Bockfelsenhütte**: Flussaufwärts zeigt sich der Dilsberg. Auf einem Waldweg geht es am **Tilystein** vorbei weiter und nach einem Zwischen-

abstieg steil durch aussichtsreiche Obstbaumwiesen zum **Dilsberg** hinauf (siehe S. 16).
Von der ehemaligen Festungsstadt steigen wir auf demselben Weg kurz zurück, bis die Mark. »rotes Quadrat« rechts Richtung Neckarsteinach abzweigt: Steil führt sie durch den bewaldeten Hang zum Neckarufer, wo wir den Fluss auf dem Schleusensteg überqueren und dem »roten Quadrat« sowie dem Zeichen »umgekehrtes weißes T« links längs der B 37 zum Bhf. **Neckarsteinach** folgen.
Während das »rote Quadrat« hier rechts abzweigt, folgen wir dem »umgekehrten weißen T« geradeaus weiter, überqueren die Steinach und gelangen zu den vier Burgen, von denen die Mittel- und die Vorderburg privat genutzt werden und die Ruinen der **Hinterburg** und der **Burg Schadeck** = **Schwalbennest** – der berühmtesten Burg – besichtigt werden können. Von der Schadeck folgen wir dem Zeichen »umgekehrtes weißes T« und dem zwischenzeitlich eingemündeten Rhein-Neckar-Weg (»Rot-R«) am Felsblock **Teufelsstein** vorbei zur **Bliggerlinde** und weiter zur Verzweigung, wo sich die Wege trennen:
Hier zweigt der Rhein-Neckar-Weg scharf links hinab ab und gleich wieder rechts. Wo an einer bald darauf erreichten Verzweigung die »Blaustrich«-Markierung links abzweigt, folgen wir ihr hinab nach **Kleingemünd**, überqueren den Neckar auf der Friedensbrücke und kehren zurück zum Ausgangspunkt in **Neckargemünd**.

Durch das Südtor führt der Wanderweg in die Bergfeste Dilsberg.

Neckarsteinach – Hirschhorn

Fünf-Burgen-Wanderung

Ausgangspunkt: Bahnhof Neckarsteinach. Anfahrt auf der A5 Frankfurt am Main – Basel bis zum Kreuz Heidelberg, dann via Heidelberg auf der B 37 Richtung Eberbach.
Bahn: Bahnlinie Heidelberg –Neckarsteinach – Hirschhorn – Eberbach.
Gehzeit: 4 Std.

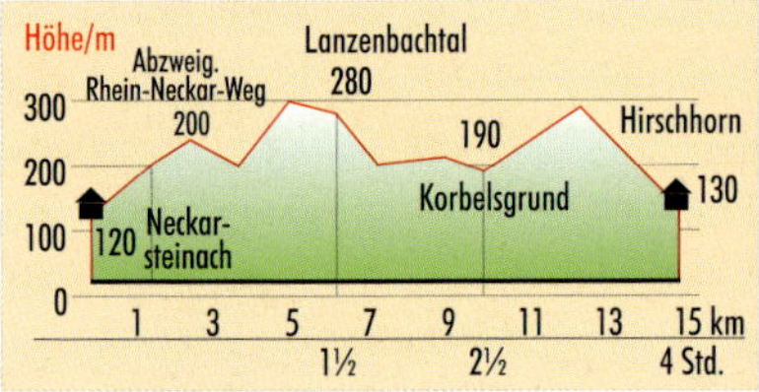

Verbindungsweg Hirschhorn – Neckarsteinach: In Hirschhorn hat man die Möglichkeit, mit dem Zug zurückzufahren. Wer zurückwandern will, überquert den Neckar auf der Brücke oberhalb der Altstadt und folgt dem Verbindungsweg (Markierung »V«) am Neckarufer (11 km).

Charakter: Waldwanderung mit schönen Aussichtsstellen.
Einkehr: Neckarsteinach, Hirschhorn.
Karte: KOMPASS Nr. 764.

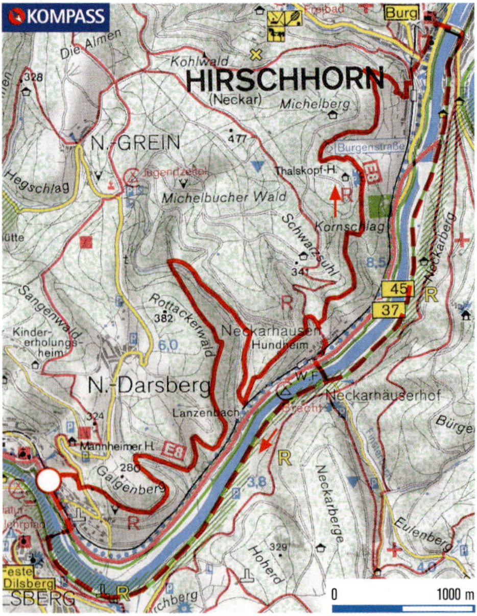

Von der Vier-Burgen-Stadt Neckarsteinach führt diese Waldwanderung auf dem Rhein-Neckar-Weg in die einstige Residenz der Herren von Hirschhorn mit einer der schönsten Altstadtanlagen im Neckartal-Odenwald.

Bergseitig des Bhf. **Neckarsteinach** folgen wir der Mark. »rotes Quadrat« kurz links und nach Passieren des kleinen Friedhofs aussichtsreich rechts hinauf, wo an der Wegekreuzung am Waldrand in der Nähe der Mannheimer Hütte des Odenwaldklubs die Mark. »Rot-R« des Rhein-Neckar-Wegs

Zwischen Bäumen fällt der Blick auf die Vier-Burgen-Stadt Neckarsteinach.

die Routenführung übernimmt. Auf einem Hangweg geht es durch die Wälder des **Galgenbergs** und durch mehrere tief in die Neckartalhänge einschneidende Täler, darunter das **Lanzenbachtal**. Schließlich kreuzt im **Korbelsgrund** oberhalb von **Neckarhausen** der mit einem »blauen Dreieck« markierte Wanderweg: Wer abkürzen will, folgt ihm hinab nach Neckarhausen (Einkehrmöglichkeit, Bahnhof), setzt mit der Fähre über den Neckar nach Neckarhäuserhof über und wandert auf dem Uferweg zurück nach Neckarsteinach. Der Rhein-Neckar-Weg hingegen bleibt oben im Wald und führt schließlich hinab nach **Hirschhorn**. Während sich der Bahnhof rechts befindet, leitet der Rhein-Neckar-Weg über den Ulfenbach (Laxbach) hinweg in die sehenswerte Altstadt.

Hirschhorn

Der Luftkurort Hirschhorn, die »Perle des Neckartals«, liegt an einer Doppelschleife des Flusses, umgeben von trutzigem Mauerwerk, schmiegen sich die alten Fachwerkhäuser an den Berghang zwischen Neckar, Finkenbach- und Ulfenbachtal. Die in Renaissanceformen wieder aufgebaute Burg (1586) der Herren von Hirschhorn überragt die Stadt, die gotische Kirche (1411) des ehem. Karmeliterklosters dominiert die Hinterstadt. An der Landspitze der Neckarschleife liegt auf der linken Seite des Flusses der Ortsteil Ersheim mit der gotischen Ersheimer Kapelle. Während Ersheim schon 773 erstmals erwähnt wird, begann 1404 mit der Gründung des Karmeliterklosters der Aufstieg von Hirschhorn.

Hirschhorn-Igelsbach-Eberbach

Vom hessischen Odenwald zur Stauferstadt Eberbach

Ausgangspunkt: Bhf. Hirschhorn. Anfahrt A5 Frankfurt am Main – Basel bis zum Kreuz Heidelberg, dann via Heidelberg auf der B 37 Richtung Eberbach und abzweigen nach Hirschhorn.
Bahn: Bahnlinie Heidelberg – Neckarsteinach – Hirschhorn – Eberbach.
Gehzeit: 3¾ Std, davon 2¼ Std bis Igelsbach.
Charakter: Waldwanderung mit Aussichtsstellen.

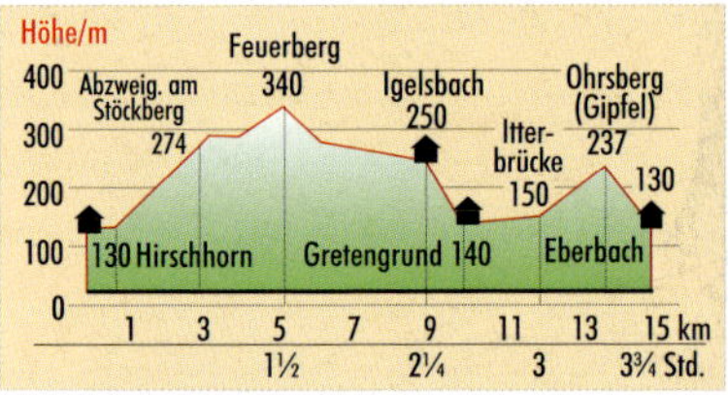

Einkehr: Hirschhorn, Igelsbach, Gretengrund, Eberbach.
Karte: KOMPASS Nr. 764.

Von Hirschhorn, der »Perle des Neckartals«, führt der Rhein-Neckar-Weg im Gleichlauf mit dem E8 durch die Wälder hoch über dem Tal nach Eberbach (mit Bahnhof und Schiffsanleger.

Vom **Bhf. Hirschhorn** steigen wir die Stufen zur Brücke hinauf, verlassen sie auf der entgegengesetzten Seite des Bahnhofsgebäudes, wenden uns rechts und treffen gleich darauf auf das »R« des Rhein-Neckar-Wegs, der geradeaus Richtung Ulfenbachtal führt. Kurz vor dem Einschwingen in das Tal geht es rechts durch die Unterführung und dahinter links über die Ulfenbachbrücke durch die kleine sehenswerte Altstadt von **Hirschhorn**. Dahinter führt der Rhein-Neckar-Weg steil und aussichtsreich zum Schloss hinauf, taucht oberhalb desselben in den Wald ein und führt in Serpentinen weiter aufwärts. Nach diesem spürbaren Aufstieg wechselt der Rhein-Neckar-Weg am **Stöckberg** auf einen Forstweg im Hang, anfangs noch begleitet von »gelb-x«. Während sich letztere bald Richtung Steinerner Tisch verabschiedet (die Wege »gelb-x« und »R« lassen sich zu einem attraktiven Rundweg kombinieren!), bleibt der

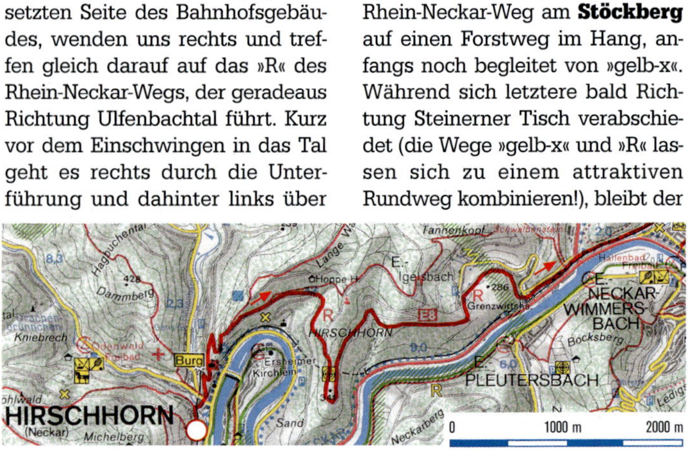

Vom Bahnhof führt unser Weg links der Bahnlinie zur Burg der Herren von Hirschhorn.

Rhein-Neckar-Weg im Hang, führt mit einigen Ausblicken durch die Wälder des Feuerbergs und erreicht an der hessisch-badischen Grenze die aussichtsreich gelegene Waldsiedlung **Igelsbach**. Recht steil geht es nun hinab nach **Gretengrund** im Neckartal, wo sich alsbald »gelb-x« wieder mit dem Rhein-Neckar-Weg vereinigt.

In gemeinsamer Routenführung folgen »R« und »gelb-x« der Bahnlinie nach **Eberbach** und trennen sich dort nach Überqueren der Itter: Während »gelb-x« direkt in die Altstadt führt, leitet der Rhein-Neckar-Weg rund um den von einem Aussichtsturm überhöhten **Ohrsberg**, einen der markantesten Umlaufberge des Neckartals, und erreicht dann den **Bhf. Eberbach** auf der Nordseite der Gleise; eine Fußgängerbrücke führt hinüber zum Bahnhofsgebäude.

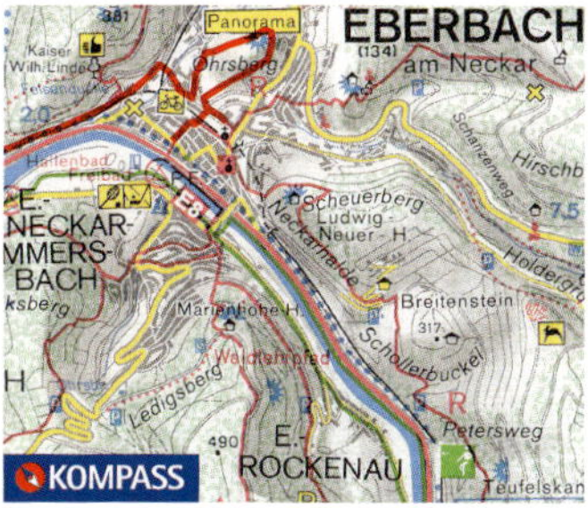

Ohrsberg

Der 237 m hohe Ohrsberg ist einer der markantesten Umlaufberge des Neckartals und mit seinem Aussichtsturm ein beliebtes Ziel für eine kurze Wanderung von Eberbach aus. Ursprünglich umfloss der Neckar den Ohrsberg in einem schlingenförmigen Talmäander. Während sich der Neckar im Lauf der Jahrmillionen immer tiefer in das Gestein fraß, näherten sich die Prallhänge der Neckarschlinge immer näher an, bis der Fluss die Barriere schließlich südwestlich des Bergs durchbrach und sich so ein neues Bett schuf. Der Ohrsberg blieb als markanter »Umlaufberg« bestehen.

Eberbach-Katzenbuckel-Holdergrund

Auf den höchsten Berg des Odenwalds

Ausgangspunkt: Bhf. Eberbach. Anfahrt auf der A5 Frankfurt am Main – Basel bis zum Kreuz Heidelberg, dann via Heidelberg auf der B 37 nach Eberbach.
Bahn: Bhf. der Linie Heidelberg – Heilbronn.
Gehzeit: 3¾ Std, davon gut 1½ Std auf den Katzenbuckel.

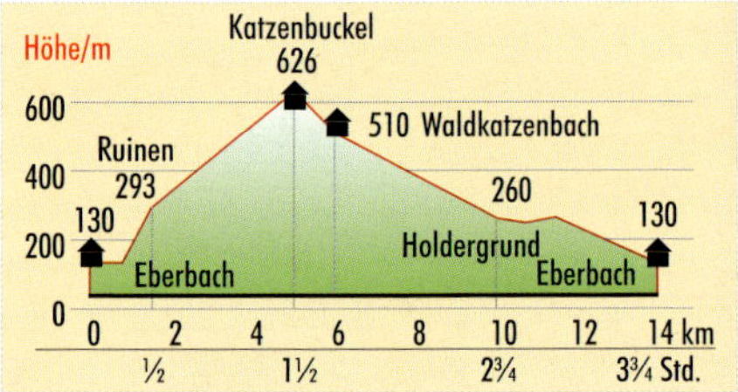

Charakter: Insgesamt bequeme, nur anfangs steile Waldwanderung mit schönen Aussichtsstellen.
Einkehr: Katzenbuckel, Waldkatzenbach, Eberbach.
Karte: KOMPASS Nr. 764.

Von Eberbach im Neckartal leitet diese abwechslungsreiche Waldwanderung zu den romanischen Burgruinen hoch über der Stauferstadt und weiter auf den von prachtvollen Laubwäldern geschmückten Katzenbuckel, den höchsten Berg des Odenwalds. Der Rückweg führt durch das romantische Bachtal des Holdergrunds.
Aus dem Bahnhof **Eberbach** tretend wenden wir uns links, überqueren die Bahngleise auf der Fußgängerbrücke und entdecken die Markierung »gelb-x«, die uns bis Waldkatzenbach die Route weist. Nach Überqueren der Brücke gehen wir wenige Meter rechts und biegen die erste links ein (Schafwiesenweg), am Ende rechts und die erste links (Hohenstaufenstraße), bis rechts der teilweise gestufte Fußweg Richtung Burg abzweigt.
Während des Aufstiegs fällt der Blick auf das Neckartal und den von einem Aussichtsturm überhöhten Ohrsberg, am Ende der Bebauung taucht der Fußweg in artenreiche Laubwälder ein und führt in Serpentinen durch den felsdurchsetzten Steilhang zu den aussichtsreichen **Eberbach-Ruinen**. Nach diesem recht steilen Auftakt leitet

Oben in den Wiesen fällt der Blick zurück zum 626 m hoch gelegenen Katzenbuckel, der höchsten Erhebung des Odenwalds.

die Gelb-x-Markierung in sachtem Anstieg auf bequemen Forstwegen weiter hinauf. Auf halbem Weg lädt eine Schutzhütte zur Rast, bald darauf verlässt die Gelb-x-Markierung den Forstweg

Erfrischung an der Freyjaquelle im Hang des Katzenbuckels während des Aufstiegs von Eberbach zum höchsten Berg des Odenwalds.

und wechselt rechts auf einen Weg/Pfad, der zur **Freyjaquelle** hinaufführt, der höchstgelegenen Quelle des Odenwalds; hier befinden sich ein Grillplatz und eine Schutzhütte.

Wenig später erreicht der Pfad den **Katzenbuckel**, die höchste Erhebung des Odenwalds.

Vom Aussichtsturm führt die Gelb-x-Markierung auf einem alleeartig von alten Buchen flankierten Waldweg abwärts, wechselt vor einer aussichtsreichen Wiese (Panoramasitzbänke) links versetzt in den Wald und erreicht das in exzellenter Aussichtslage errichtete Hotel-Restaurant **Turmschenke**.

Auf der Zufahrt wandern wir mit weiter Aussicht hinab in das Dorf **Waldkatzenbach**, wenden uns dort an der ersten Straße rechts hinauf zum Wanderparkplatz am Sportplatz und gehen geradeaus auf einem Feldweg, wobei nun bis in den Holdergrund die Mark. 51 die weitere Route weist.

Schon bald tritt der Weg in den Wald ein und wechselt hinter der **Curt-Brand-Hütte** (Schutzhütte) links auf einen Pfad (Katzenbacher Pfad bzw. Alte Steige), der diagonal hangabwärts zu einem Mühlengelände in den **Holdergrund** hinabführt. Oberhalb der Mühle führt die Markierung 51 auf einem Forstweg sacht links aufwärts, nach wenigen Minuten sehen wir rechts eine Schutzhütte und unten einen Teich und zweigen nun rechts auf den mit dem Buchstaben »V« markierten Weg ab. Er verwandelt sich in einen Pfad, der dem über Blockwerk blitzenden Holderbach abwärts folgt, dann vor dem Zaun des Mühlengeländes auf den gegenüberliegenden (linken) Hang wechselt und zuletzt auf einen Forstweg trifft: Hier geht es kurz links hinauf und sofort rechts weiter im Hang, bis wir auf den mit dem Zeichen »Rot-R« markierten Rhein-Neckar-Weg stoßen. Er führt zurück zum Ausgangspunkt.

Der steinerne Aussichtsturm auf dem Katzenbuckel.

Katzenbuckel

Die von artenreichem Laubwald bedeckte Kuppe des Katzenbuckels markiert mit 626 m die höchste Erhebung des Odenwalds. Sie besteht aus dem zu Basalt erstarrten Ergussgestein eines Vulkans, der bei seinen Ausbrüchen an der Wende von der Kreidezeit zum Tertiär – vor rund 68 Mio Jahren – die mächtige Buntsandsteinplatte des hinteren Odenwalds auf einer Fläche von etwa 1 km Durchmesser durchschlug.
Mit seinen Felsbastionen, seinem moosüberzogenen, teilweise felsenmeerartig im Wald lagernden Blockwerk, seinen alten Ahornen, Ulmen, Buchen und Eschen und seiner reichen Krautschicht, zu der in außergewöhnlicher Vielzahl auch die Farne zählen, bildet er eines der stimmungsvollsten Bergziele im Bannkreis des Neckartals.
In seinem Nordwesthang entspringt die Freyjaquelle, die höchstgelegene Quelle des Odenwalds; woher sie ihre starke Schüttung bezieht, ist rätselhaft, da sie so gut wie keinen Einzugsbereich hat. Es wird angenommen, dass das Wasser wie bei einer artesischen Quelle von unten nach oben fließt. Seit dem Jahre 1820 trägt der Gipfel einen Aussichtsturm, der ein hervorragendes Odenwald-Kraichgau-Panorama gewährt; an klaren Tagen schweift der Blick bis hin zum Spessart und zum Taunus.

Eberbach-Breitenstein-Zwingenberg

Hoch über dem Neckartal in die Wolfsschlucht

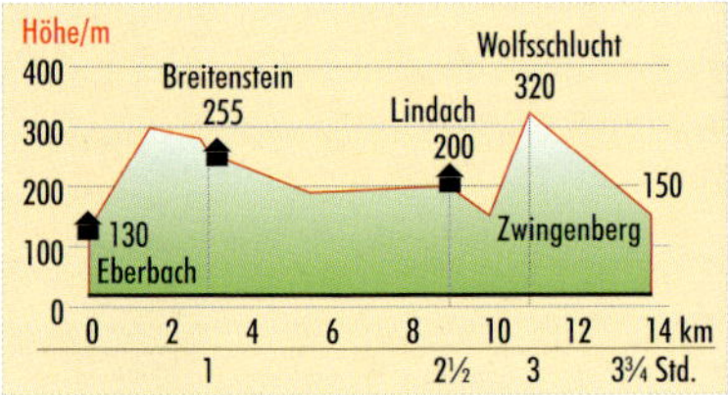

Ausgangspunkt: Bhf. Eberbach. Anfahrt A5 Frankfurt am Main – Basel bis zum Kreuz Heidelberg, dann via Heidelberg auf der B 37 nach Eberbach.
Bahn: Bhf. der Linie Heidelberg – Heilbronn.
Gehzeit: Knapp 4 Std.
Charakter: Insgesamt bequeme, nur anfangs steile Waldwanderung mit schönen Aussichtsstellen.
Einkehr: Eberbach, Breitenstein, Lindach.
Karte: KOMPASS Nr. 764.

Von der alten Reichsstadt Eberbach führt der Rhein-Neckar-Weg zur aussichtsreichen Teufelskanzel hoch über dem Neckartal und zu Burg Zwingenberg unterhalb der sagenumwobenen Wolfsschlucht. Aus dem Bhf. **Eberbach** tretend wenden wir uns links, überqueren die Bahngleise auf der Fußgängerbrücke und folgen der Mark. »rot-R« rechts dem Wald zu. Nach einigen Minuten Straße taucht der Rhein-Neckar-Weg in den bewaldeten Steilhang ein, wendet sich oben rechts und schwingt nach Passieren einer Schutzhütte auf die Hangschulter oberhalb der steil ins Tal abfallenden **Neckar-**

In der Wolfsschlucht bei Burg Zwingenberg.

hälde ein. Beim Restaurant »Neckarblick« erreicht der Weg das idyllische **Breitenstein**-Hochland am **Schollerbuckel** mit seinen vielfältigen, für den Naturhaushalt wertvollen Landschaftselementen wie mageren Schafweiden, Heckenstreifen, kleinräumigen Ackerflächen, Streuobstwiesen, Steinriegeln und Trockenmauern.

Ein Aussichtspunkt fast senkrecht über dem Neckartal ist bald darauf die **Teufelskanzel** oberhalb der Steinbruchwand am Kranichsberg. In sachtem Auf und Ab führt der Rhein-Neckar-Weg weiter durch die Wälder, leitet oberhalb von Eberbach-**Lindach** vorbei (Bahnhof, Einkehrmöglichkeit) und erreicht schließlich den oberen Eingang der **Wolfsschlucht**. Steil geht es hinab in die Schlucht und (teils geländergesichert) zur **Burg Zwingenberg** (ein Forstweg führt oberhalb der Schlucht ebenfalls zur Burg).

Dort folgen wir der Zufahrt hinab zum Bhf. **Zwingenberg**.

Burg Zwingenberg und die Wolfsschlucht

Die spätgotische Burg Zwingenberg, eine der besterhaltenen Burgen des Neckartals, und die direkt oberhalb auf einer Länge von etwa 800 m in den Buntsandstein einschneidende Wolfsschlucht machen die winzige Gemeinde Zwingenberg zu einem der schönsten Punkte im Neckartal. Direkt hinter der Burg beginnt die wildromantische Wolfsschlucht. Die von Wasserfällen und einem Wildbach durchrauschte Felsenklamm inspirierte den Komponisten Carl Maria von Weber und diente ihm als Vorlage für die Wolfsschlucht-Szene in seiner Oper »Der Freischütz«. Sie gilt als die romantische deutsche Oper schlechthin und ist die Zwingenberger Hausoper: Im Rahmen der seit 1983 veranstalteten Zwingenberger Schlossfestspiele hat sie schon zahlreiche Inszenierungen im Schlosshof erlebt. Die Burg wurde 1808 von Baden erworben und zum Jagdschloss aus- und umgebaut und war 1918 Schauplatz der Abdankung des letzten badischen Großherzogs, Friedrichs II., dessen Nachfahren sie bis heute besitzen.

Neckarwimmersbach-Stolzeneck-Neckargerach

Waldwanderung zur Minneburg hoch über dem Neckartal

Ausgangspunkt: Bhf. Eberbach bzw. Wanderwege-Übersichtstafel vor der Neckarbrücke in Neckarwimmersbach. Anfahrt auf der A5 Frankfurt am Main – Basel bis zum Kreuz Heidelberg, dann via Heidelberg auf der B 37 nach Eberbach.
Bahn: Bhf. der Linie Heidelberg – Heilbronn.
Gehzeit: 4 Std. (davon 1½ Std. zur Stolzeneck).
Charakter: Abwechslungsreiche Waldwanderung mit vielen Aussichtsstellen.

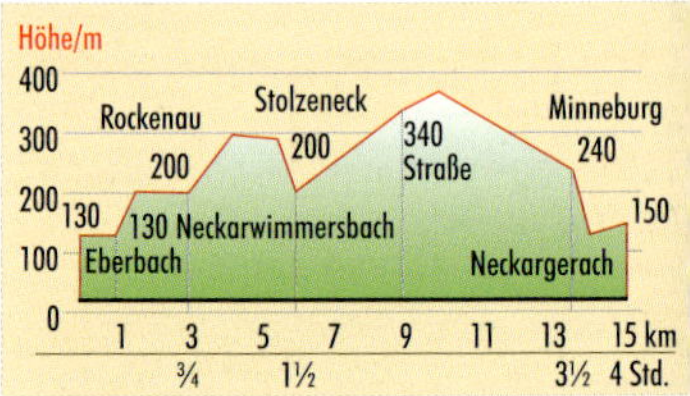

Einkehr: Keine unterwegs.
Karte: KOMPASS Nr. 764.

Von Neckarwimmersbach führen Neckarrandweg und E8 im Gleichlauf durch die bewaldeten Steilhänge links des Neckars zur Burgruine Stolzeneck und zur hoch über dem Neckartal thronenden Ruine der Minneburg, einer der eindrucksvollsten Burgruinen am Neckar.

Von der Neckarbrücke zwischen Eberbach und **Neckarwimmersbach** geht es kurz steil hangaufwärts, bis der mit »gelb-R« markierte Neckarrandweg am Ende

Bei der Odinsquelle genießt man einen schönen Blick hinab auf Eberbach.

der Bebauung links in den Hang wechselt und teils auf Pfaden, meist auf bequemen Waldwegen durch die Hänge führt. Immer wieder öffnen sich Ausblicke, gegenüber von **Rockenau** zeigen sich die Felswände der Teufelskanzel, wenig später bildet die **Ruine Stolzeneck** einen schönen Platz für eine Rast; vor der Burg sprudelt ein erfrischender Brunnen. Von Burg Stolzeneck leitet der Neckarrandweg durch die Wälder am **Wilden Waibelsberg** vorbei und führt durch den Steilhang des **Kresselbacher Bergs** zum **Finkenbrunnen** bei Neunkirchen hinauf. Nach Queren der Stichstraße (sie führt hinab zur aussichtsreichen Rodung am Zwingenberger Hof gegenüber der spätgotischen Burg Zwingenberg, einer der besterhaltenen Burgen des Neckartals; dort befindet sich eine Fähre) geht es im Wald mit schönen Ausblicken weiter zur Schutzhütte am **Kellersbrunnen** (Brunnen) und dann auf einem weitgehend ebenen Waldweg zur aussichtsreichen Ruine der **Minneburg** hoch über Neckargerach.

Von der Ruine geht es in den gras- und blumenreichen Wäldern des Minnebergs, dann zwischen Blumenwiesen, Äckern und Obstbäumen abwärts zu den Häusern der einstigen **Ziegelhütte**, die 1738 als Teil des Minneburger Hofguts errichtet wurde: Die Arbeiter holten den Lehm, den der Neckar in seinem alten Flussbett am Fuß des Mittelbergs hinterlassen hatte, und verarbeiteten ihn zu Ziegeln. Nach dem Abstieg vom Minneberg überqueren wir auf der Minneburgbrücke den Neckar – links oben ist die Ruine in Sicht – und erreichen **Neckargerach** (Bahnhof).

36

Neckargerach-Neckarelz

Durch die Margaretenschlucht

Ausgangspunkt: Bhf. Neckargerach. Anfahrt auf der A5 Frankfurt am Main – Basel bis zum Kreuz Heidelberg, dann via Heidelberg auf der B 37 via Eberbach nach Neckargerach.
Bahn: Bhf. der Linie Heidelberg – Heilbronn.
Gehzeit: Knapp 2½ Std, davon ½ Std zur Margaretenschlucht.
Charakter: Abwechslungsreiche Waldwanderung mit vielen Aussichtsstellen.

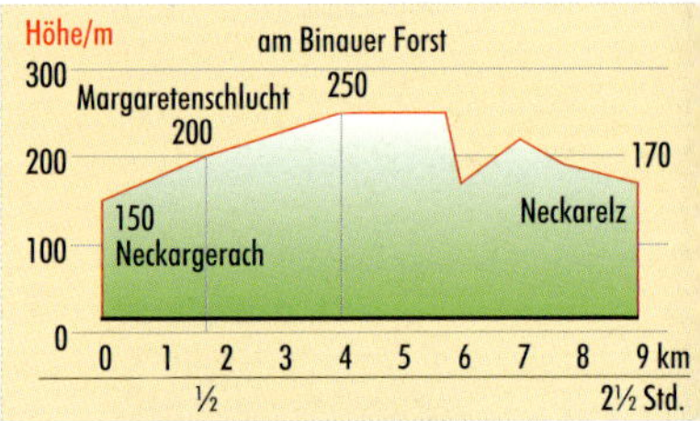

Einkehr: Keine unterwegs.
Karte: KOMPASS Nr. 764.

Naturhöhepunkt dieser Wald- und Aussichtsetappe des Rhein-Neckar-Wegs ist die von Wasserfällen durchbrauste Margaretenschlucht. Am Bhf. **Neckargerach** überqueren wir auf der Fußgängerbrücke die Gleise und treffen direkt dahinter auf die Markierung »rot-R« des Rhein-Neckar-Wegs, dem wir parallel zur Bahnlinie rechts folgen. Am Waldrand im Steilhang hoch über dem Neckar bietet der

grasige Weg schöne Tiefblicke ins Tal. Endlich öffnet sich die steinschlaggefährdete **Margaretenschlucht** im gebankten Buntsandstein des **Gickelbergs**.
Der Rhein-Neckar-Weg verschmälert sich hier zu einem drahtseilgesicherten Steig, überquert den aus der Schlucht herausschäumenden Flursbach und wechselt dann in die benachbarte **Mathildenschlucht**.

In der Margaretenschlucht.

Von hier aus sollte man sich nun einen Abstecher in die Margaretenschlucht auf keinen Fall entgehen lassen. Danach folgen wir dem Rhein-Neckar-Weg weiter an der Bahnlinie entlang, bis uns die R-Markierung links in den Wald hinaufschickt.

Auf einem Schotterweg geht es durch die schluchtartig eingetiefte **Mordklinge** und oben an der Verzweigung am Waldrand scharf rechts zur kleinen, von Binau heraufführenden Straße, der der Rhein-Neckar-Weg kurz links folgt und am Wanderparkplatz bei der Schutzhütte am **Binauer Forst** aussichtsreich rechts an den Waldrand abzweigt. Nach einem Zwischenabstieg im Wald wechselt der Weg wieder in die aussichtsreichen Hänge über dem Neckartal und führt dann hinab durch **Diedesheim** zum Bhf. **Neckarelz**.

Margaretenschlucht

Die unter Naturschutz stehende Margaretenschlucht im Buntsandstein des Gickelbergs bei Neckargerach ist eine der faszinierendsten Schluchten des Neckartals, als als geologisches Studienobjekt mit Aufschlüsse in verschiedenen Schichten des gebankten Buntsandsteins und als botanisches Schatzkästlein (Farne, Flatterulmen, Springschaumkraut) ist sie weithin bekannt.

Ein drahtseilgesicherter, unbequemer Felssteig führt durch diese steinschlaggefärdete Schlucht, in der der Flursbach in Kaskaden und Wasserfällen einen Hangriss überwindet. Der ästhetische Reiz der Margaretenschlucht liegt in ihrer von der Felsformenvielfalt her ungeheuer reichen Kaskadentreppe, die um so schöner und »romantischer« wird, je höher man steigt.

Für die Mühe des unbequemen Aufstiegs entschädigen die malerischen Kaskaden, in denen der Bach 130 Höhenmeter überwindet. Die Margaretenschlucht ist »auf eigene Gefahr« (Warnschild) nur mit Trittsicherheit und festem Stiefelwerk begehbar. Der gesicherte Steig durch die Schlucht ist an einigen Stellen erosionsgefährdet.

Neckarelz-Michaelsberg-Gundelsheim

Wälder und Panoramen auf der Südetappe des Rhein-Neckar-Wegs

Ausgangspunkt: Bhf. Neckarelz. Anfahrt auf der A5 Frankfurt am Main – Basel bis zum Kreuz Heidelberg, dann via Heidelberg auf der B 37 via Eberbach nach Mosbach-Neckarelz. **Bahn:** Bhf. Linie Heidelberg – Heilbronn. **Gehzeit:** Knapp 3 Std, davon 1½ Std bis Burg Hornberg. **Charakter:** Abwechslungsreiche Wanderung mit vielen Aussichtsstellen. **Einkehr:** Neckarelz, Neckarzimmern, Burg Hornberg, Michaelsberg, Gundelsheim. **Karte:** KOMPASS Nr. 764.

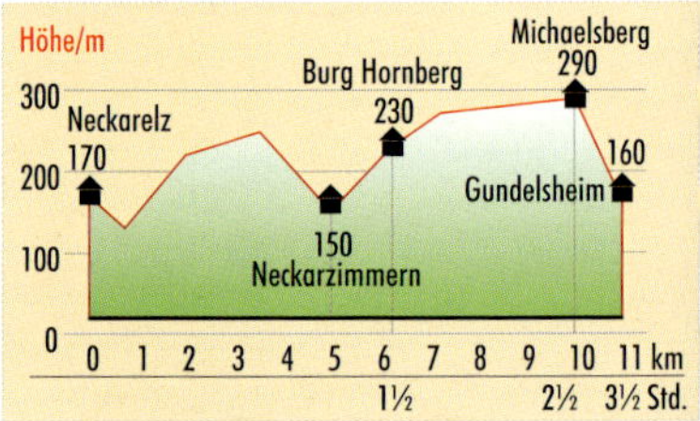

Kulturhöhepunkte der wald- und aussichtsreichen Schlussetappe des Rhein-Neckar-Wegs sind die Götz-von-Berlichingen-Burg Hornberg, die Kapelle auf dem Michaelsberg und Schloss Horneck oberhalb von Gundelsheim. Aus dem Bahnhof **Neckarelz** tretend, folgen wir der Mark. »rot-R« des Rhein-Neckar-Wegs links, kreuzen vor Überqueren der Elz die Route des E8 und wandern hinauf auf die aussichtsreichen Höhen über dem Neckartal. Am Wegrand tauchen bald die Schautafeln des Wanderpfads »Kulturlandschaft im Wan-

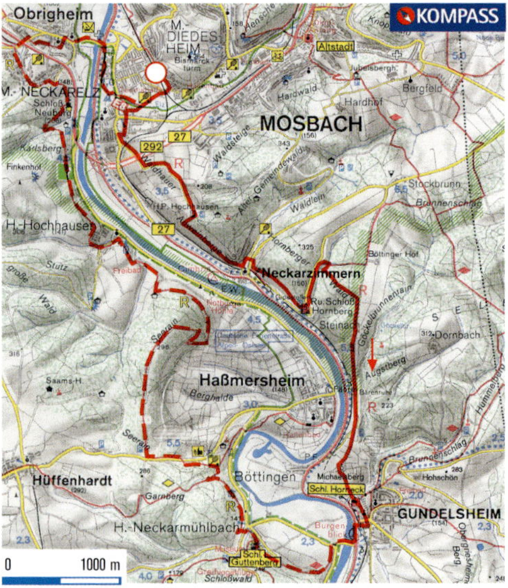

Die Lourdes-Grotte an der Kapelle auf dem Michaelsberg von Gundelsheim.

del der Jahrhunderte« auf und informiert über naturkundliche, biologische, tier-, pflanzenökologische und landschaftspflegerische Bereiche. Nach dem Zwischenabstieg nach **Neckarzimmern** geht es weiter auf den Höhen über dem Neckar, weiterhin in Begleitung von Lehrtafeln, die u.a. über die Rebsorten in den Weinbergen von Neckarzimmern informieren, dann wird die Götz-von-Berlichingen-**Burg Hornberg** erreicht. Von der Burg leitet der Rhein-Neckar-Weg im Wald aufwärts, sich nun vom Neckartal entfernend, und führt durch ein sehr schönes Landschaftsschutzgebiet mit Wiesen, Feldern, Gehölzen und Wäldern dem **Michaelsberg** zu.

Vom Michaelsberg, in dessen Hang **Schloss Horneck**, das nach dem Heidelberger Schloss größte Neckartalschloss, steht, erfolgt der Panoramaabstieg nach **Gundelsheim**.

Michaelsberg bei Gundelsheim

Der Michaelsberg von Gundelsheim mit der im Kern romanischen Wallfahrtskapelle auf der plateauartig abgeflachten Gipfelkuppe ist einer der aussichtsreichsten Berge über dem Neckartal. In römischer Zeit befand sich hier ein Jupiterheiligtum, die Chorturmkapelle mit der angebauten Lourdes-Grotte ist der Legende nach die Grablege der heiligen Notburga; sie gilt als älteste Kirche im Umkreis.

Spuren aus römischer Zeit finden sich im Südfußbereich des Michaelsbergs auch an der Deutschordensburg Horneck (15.–18. Jh.), des nach dem Heidelberger Schloss größten Neckartalschlosses.

38

Neckarburken-Burg Hornberg-Neckarzimmern

Unterwegs zur Götz-von-Berlichingen-Burg

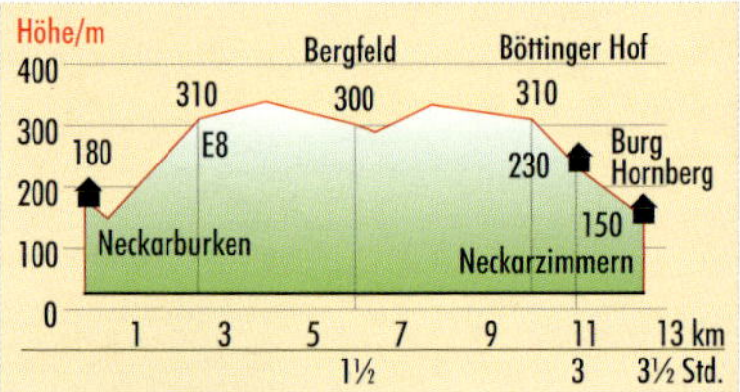

Ausgangspunkt: Bhf. Neckarburken. Anfahrt auf der A5 Frankfurt am Main – Basel bis zum Kreuz Heidelberg, dann via Heidelberg auf der B 37 via Eberbach nach Mosbach-Neckarelz, dort auf die B 27 und via Mosbach nach Elztal-Neckarburken.
Bahn: Bhf. Neckarburken an der Linie Heilbronn/Heidelberg – Mosbach – Walldürn (an derselben Linie der Bhf. am Zielort Neckarzimmern).
Gehzeit: Knapp 3½ Std.
Charakter: Anfangs aussichtsreiche Wiesen-, dann Waldwanderung, zuletzt Spaziergang in Weinbergen.
Einkehr: Neckarburken, Burg Hornberg, Neckarzimmern.
Karte: KOMPASS Nr. 764.

Von Neckarburken führt der westliche Limesweg auf die Höhen zwischen Elz- und Neckartal, dann geht es im Wald zur Burg Hornberg und aussichtsreich oberhalb der Weinberge an den Hängen des Neckartals nach Neckarzimmern.
Vom Bhf. **Neckarburken** führt der mit

Auf dem Rhein-Neckar-Weg bei Neckarsteinach.

Götz-von-Berlichingen-Burg Hornberg

Burg Hornberg bei Neckarzimmern ist eine der bedeutendsten Burgen des Neckartals. Götz von Berlichingen, der Ritter mit der »eisernen Hand« (eine Prothese, die arretierbare Veränderungen der Hand- und Fingerstellung durch die gesunde Hand erlaubte), kaufte sie 1517 einschließlich der drei dazugehörigen Dörfer. Während des Bauernkriegs übernahm er 1525 die Führung der aufständischen Odenwaldbauern im Neckartal, danach wirkte er überwiegend als Gutsherr. In den Jahren vor seinem Tod auf Burg Hornberg 1562 diktierte er dem Pfarrer Georg Gottfried seine Lebenserinnerungen; sie erschienen 1731 erstmals im Druck und inspirierten Johann Wolfgang von Goethe zu dem Drama »Götz von Berlichingen« (1773). Von der Terrasse der Burggaststätte und vom Platz vor dem unteren Tor bietet sich ein eindrucksvoller Blick auf das Neckartal mit der Schleuse Neckarzimmern, Haßmersheim und der Michaelskapelle sowie auf die Stauferburg Burg Guttenberg hoch über Neckarmühlbach.

»weißes L in Schwarz« markierte Limesweg über den Elzbach hinweg in das Dorf, in dessen altem Rathaus, einem schmucken Fachwerkbau aus dem ausgehenden 19. Jh., das **Römermuseum** untergebracht ist. Nach der Besichtigung des Römerkastells am Ortsausgang Richtung Dallau führt der Limeswegs überaus aussichtsreich in Feldfluren und Grünland durch die von Gebüschgruppen, Heckenzügen und Streuobstbau geprägten Hänge des Elzbachtals.

Bald nach Passieren der Siedlung **Bergfeld** taucht der Limesweg in sehr schöne Laubmischwälder ein und zweigt schließlich beim **Böttinger Hof** rechts hinab zur **Burg Hornberg** ab, zuletzt im Gleichlauf mit dem Rhein-Neckar-Weg (Mark. »rot-R«).

Von der Götz-von-Berlichingen-Burg geht es meist aussichtsreich im Hang hoch über dem Neckartal nach **Neckarzimmern**, wo der Limesweg endet. Ab Burg Hornberg folgen der Limes- und Rhein-Neckar-Weg einem Lehrpfad mit exzellenten Ausblicken hoch über dem Neckartal.

Diverse Schautafeln informieren uns über Geschichte, Geologie, Geografie, Waldwirtschaft und Weinbau.

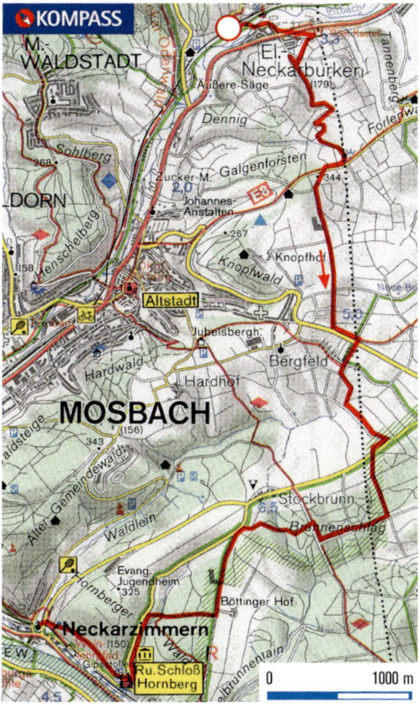

39

Mosbach-Dallau

Aussichtstour hoch über dem Elztal

Ausgangspunkt: Bhf. Mosbach. A5 Frankfurt am Main – Basel bis Kreuz Heidelberg, dann via Heidelberg auf der B 37 via Eberbach nach Mosbach.
Bahn/Bus: DB-Bahnhöfe der Linie Neckarelz – Mosbach – Buchen in Mosbach und Dallau.
Gehzeit: 2 Std.
Charakter: Leichte Wald- und Feldflurwanderung auf fahrradfähigen Wegen mit recht steilem Auf- und Abstieg.

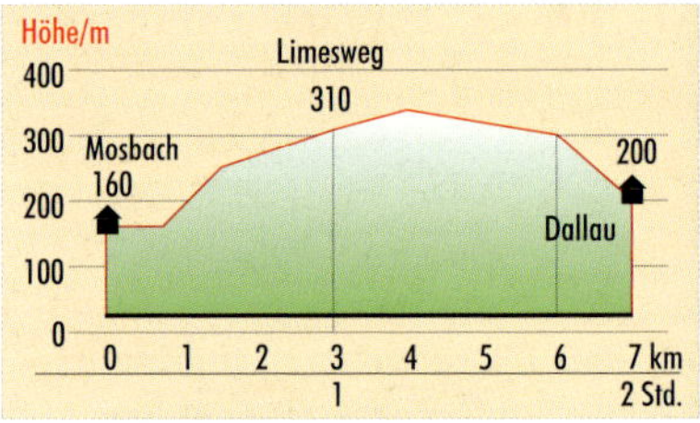

Einkehr: Mosbach, Dallau.
Karte: KOMPASS Nr. 764.

Fortsetzung im Elztal: Von Dallau leitet der E8 weiter aufwärts im Elztal, das die Grenze zwischen Odenwald und Bauland bildet. Oberhalb von Rittersbach führt er an der Heidersbacher Mühle (Einkehr) und an der Limbacher Mühle (Einkehr) vorbei, passiert das im Hang gelegene Unter-Scheringen, senkt sich wieder ins Tal hinab und erreicht das Dorf Einbach. Von dort fährt der Bus zurück nach Dallau.

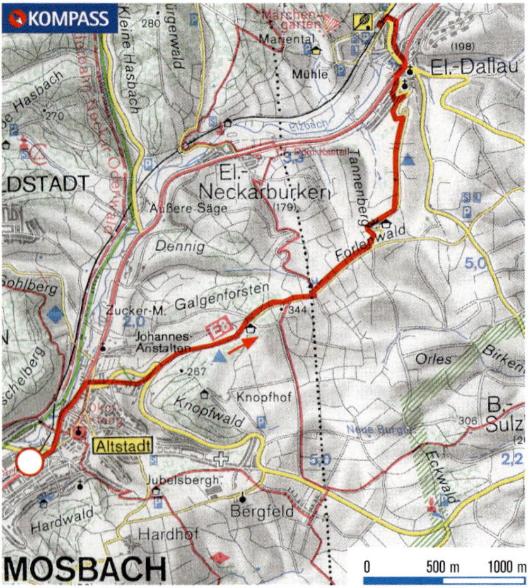

Von der sehenswerten Fachwerkaltstadt von Mosbach führt der E8 aussichtsreich über die Höhen links des Elztals in das von einem Schloss überragte Dorf Dallau an der Grenze zwischen Odenwald und Bauland.

Vom **Bhf. Mosbach** gehen wir über die Stegbrücke zum Marktplatz in der hervorragend erhaltenen Fachwerkaltstadt. Von hier

Der Frühling kehrt ein: Sumpfdotterblumen im Elztal.

leitet das »blaue Dreieck« des E8 kurz weiter talaufwärts durch die Stadt, wechselt dann kurz rechts auf die Landstraße Richtung Billigheim und erreicht nach erneuter Berührung der Landstraße den Wald, in dem wenig später eine Schutzhütte zum Verschnaufen einlädt.

Am Ende des Walds vereinigt sich der E8 bis zur nächsten Wegekreuzung mit dem Limesweg: Hier bieten sich erstklassige Ausblicke über das Elztal hinweg auf den östlichen Odenwald.

Während der Limesweg bald links ins Tal abzweigt, bleibt der E8 aussichtsreich auf den von Streuobstwiesen und Hecken akzentuierten Höhen.

An der Kreuzung im nächsten Waldstück geht es auf einem Fahrweg links hinab zur Schutzhütte und dann aussichtsreich weiter hinab nach **Dallau**.

Schloss Dallau

Wahrzeichen von Dallau im hinteren Elztal ist das Schloss, dessen Mauern die Ortsgeschichte widerspiegeln: Einst die Turmburg eines alten Rittergeschlechts, wurde es im Jahr 1416 vom Deutschen Orden übernommen, ging 1668 an die Kurpfalz über, wurde Anfang des 19. Jh. von Privat erworben und gehört seit 1974 der Gemeinde Elztal. Nach umfassender Renovierung wurde es 1995 als Kulturzentrum wieder eröffnet: Im zweiten Obergeschoss ist die Außenstelle der Musikschule untergebracht, das erste Obergeschoss dient Repräsentationszwecken und standesamtlichen Trauungen.

Mudau – Mosbach

Auf der Wanderbahn duch den östlichen Odenwald

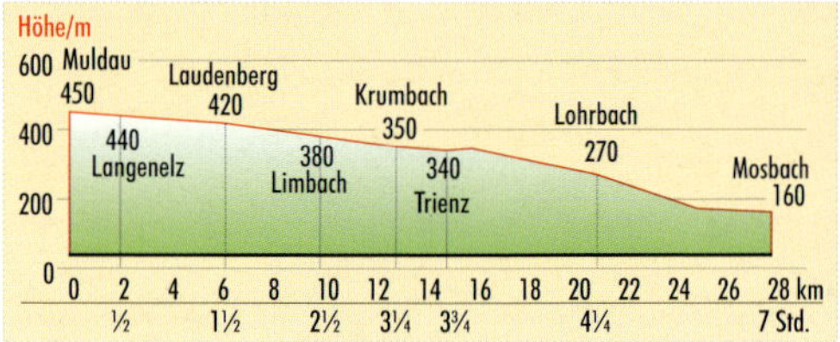

Ausgangspunkt: Ehemaliger Bahnhof in Mudau an der Bahnhofstraße. Anfahrt auf der B 27 Mosbach – Walldürn und abzweigen nach Mudau.
Bus: Mudau ist nur per Bus erreichbar. Der Zielort Mosbach hat einen Bahnhof.
Gehzeit: 7 Std, davon knapp 4 Std bis Brumbach.
Charakter: Leichte Wald- und Feldflurwanderung auf fahrradfähigen Wegen.
Einkehr: In den Dörfern am Wegrand.
Karte: KOMPASS Nr. 764.

Die Wanderbahn Neckartal – Odenwald folgt der Trasse einer stillgelegten Schmalspurbahn von Mudau nach Mosbach. Feldfluren, Grünland, Gehölze und Wälder prägen die abwechslungsreiche Strecke, an der diverse Bahnhofsgebäude und die Lokomotive 99.7202 in Mudau daran erinnern, dass man auf einer ehemaligen Zugstrecke wandert oder radelt. Die Wanderbahn ist durchgehend fahrradfähig und Teil der Ostvariante des »Odenwald-Madonnen-Wegs«.
Die Wanderbahn beginnt am ehe-

Blütenpracht in den stillen Wäldern vor Limbach.

Wanderbahn löst »Bembele« ab

Von Juni 1905 bis zur Stilllegung 1973 verkehrte zwischen Mosbach und Mudau eine Schmalspurbahn, die die damaligen Gemeinden Lohrbach, Sattelbach, Fahrenbach, Trienz, Krumbach, Limbach, Laudenberg, Langenelz und Mudau vesorgte. Qualmend und fauchend von einer Dampflok gezogen, machte sie sich an Gefahrenpunkten durch anhaltendes Läuten einer Glocke bemerkbar, was ihr den Beinamen »Bembele« eintrug. Mitte der 60er Jahre wurden zwei neue Diesellokomotiven und fünf neue Reisezugwagen angeschafft, doch der öffentliche Personennahverkehr verlagerte sich mehr und mehr auf die Straße. Nach der Stilllegung erwarben die Gemeinden Mosbach, Fahrenbach, Limbach und Mudau das ehemalige Bahngelände und bauten es mit Unterstützung von Kreis und Land zu einem bequemen Wander- und Radweg aus, der 1980 eröffnet wurde.

maligen Bhf. **Mudau**; dort steht auch die letzte Dampflok. Wir verlassen Mudau auf der Wanderbahn, wobei zunächst die Mark. »blaue Raute« zusätzlich zur Odenwald-Madonnen-Weg-Markierung »O« die Route weist. Durch die Feldflur gelangen wir nach **Langenelz**, wo die »blaue Raute« in der Linkskurve die Wanderbahn verlässt, während wir der Bahntrasse in den Hang über dem Elzbachtal folgen. Die Ortschaft **Laudenberg** umrundet die Route westlich. Nächste Station ist nach schöner Waldwanderung **Limbach**, wo die Wanderbahn das Elzbachtal verlässt und via **Krumbach** in das Trienzbachtal wechselt. Bald nach Passieren von **Fahrenbach** verlässt die Wanderbahn auch dieses Tal und führt durch die Feldflur nach Sattelbach und weiter an den Ortsrand von **Lohrbach**. Nun weist das Hasbachtal die Route hinab in das Elzbachtal, wo der Wanderbahn-Weg am ehemaligen Haltepunkt Hasbachtal endet. Längs der modernen Bahnlinie geht es talabwärts zum Bahnhof in **Mosbach**.

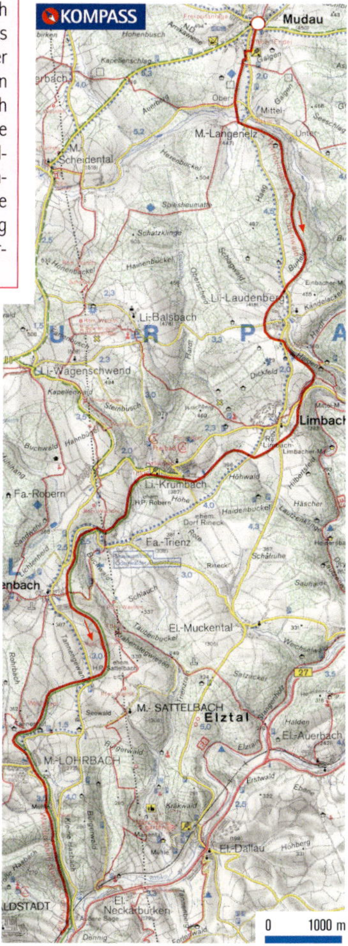

Schöllenbach – Hesselbach – Ittertal

Grenz- und Limeswanderung hoch über dem Ittertal

Ausgangspunkt: Quellkirche in Badisch Schöllenbach. Anfahrt A5 Frankfurt am Main – Basel bis Kreuz Heidelberg, dann via Heidelberg auf B 37 nach Eberbach, dort Richtung Hesseneck/Erbach abzweigen.

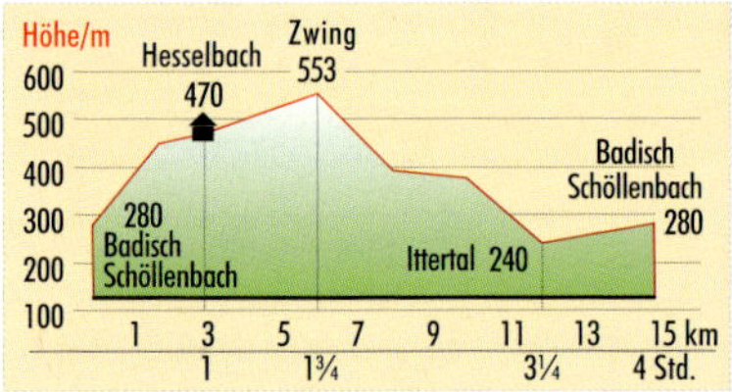

Bahn: In Schöllenbach und Kailbach Haltepunkte der Odenwaldbahn Eberbach – Erbach – Darmstadt. In Richtung Hetzbach/Erbach führt diese durch den 3,1 km langen Krähbergtunnel, einen der längsten eingleisigen Eisenbahntunnel in Deutschland.
Gehzeit: 4 Std, davon etwa 1 Std nach Hesselbach.
Charakter: Waldwanderung auf Forstwegen und Pfaden mit schönen Aussichtsstellen.
Einkehr: Hesselbach.
Karte: KOMPASS Nr. 764.

Von der Schöllenbacher Quellkirche im Ittertal führt diese abwechslungsreiche Waldtour hinauf nach Hesselbach, von wo wir auf dem Limesweg weiterwandern, ehe es zurück ins Ittertal geht.

Während das 1344 erstmals erwähnte Schöllenbach westlich der Itter Verwaltungssitz der hessischen Gemeinde Hesseneck ist, gehört **Badisch Schöllenbach** mit den Resten der alten Quellkirche zur Stadt Eberbach und liegt in Baden-Württemberg. Von der Kirche leitet das »weiße Dreieck« kurz aufwärts im **Eutergrund** (der **Eutersee** noch ein Stück weiter oben bietet Möglichkeit zum Baden und Bootfahren) und wechselt dann rechts auf einen Pfad, der recht steil im bewaldeten Hang aufwärts führt, oben die unsichtbare badisch-hessische Grenze überschreitet und wenig später das aus-

Der Ottilienborn in Hesselbach.

sichtsreich auf einem Hochplateau gelegene Brunnendorf **Hesselbach** erreicht. In Hesselbach vereinigt sich die Route »weißes Dreieck« mit dem westlichen Limesweg (»weißes L«), dem wir rechts hinauf in den Wald folgen, oben an der Verzweigung rechts. Nach Queren der Kreisstraße bei einem ehemaligen Römerkastell führt der Limesweg über die bewaldete **Zwing**-Kuppe, auf der die Römer zwei Wachttürme errichtet hatten, und senkt sich dann zur Kreisstraße hinab. Hier treffen wir auf die Mark. »gelbe Scheibe«, die zurück ins Ittertal führt: Kurz rechts längs der Straße, denn rechts ab in den Wald auf einem Forstweg, der an einem Bildstock aus dem Jahr 1800 durch die Wälder im Hang des **Sachsenbergs** führt, an mehreren Stellen Blick hinab auf Kailbach und Friedrichsdorf im Ittertal sowie einmal bis zum Katzenbuckel gewährt und dann bei **Keilbach** das **Ittertal** erreicht. An der Verzweigung nach Überqueren des Itterbachs und Unterqueren der Odenwaldbahnlinie verlassen wir die »gelbe Scheibe« und folgen der Rundweg-Mark. »3« im Wald zurück nach **Schöllenbach**.

Quellkirche Schöllenbach

Die ursprünglich dreischiffige spätgotische ehemalige Marienwallfahrtskirche (1465) in Badisch Schöllenbach, eine von zahlreichen Quellkirchen im Odenwald, war eine wichtige Station an der »Via Sancta« (heiliger Weg), dem Wallfahrtsweg von Wald-Michelbach nach Walldürn. Nach der Reformation verfiel sie, das Kirchenschiff wurde abgebrochen, der große (4,75 x 5,25 m), holzgeschnitzte Flügelaltar in die Schlosskapelle von Eberbach versetzt. Die Reste der Kapelle, aus der weiterhin das Wasser der Quelle fließt, wurden zu einem evangelischen Gotteshaus umgebaut; das spätgotische Zugangstor zum Friedhof war ursprünglich das Westportal der Wallfahrtskirche.

Grasellenbach – Siegfriedsbrunnen – Affolterbach

Auf den Spuren von Siegfried und Hagen

Ausgangspunkt: Parkplatz an der Nibelungenhalle in Grasellenbach. Anfahrt A5 Frankfurt am Main – Basel Ausfahrt Heppenheim und auf der B 460 Siegfriedstraße Heppenheim – Fürth – Mossautal, abzweigen nach Grasellenbach.

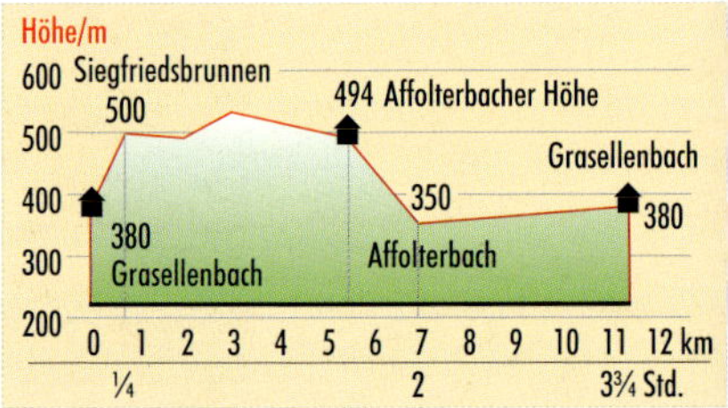

Bahn/Bus: Bushaltestelle Nibelungenhalle (Ruftaxi 6990); nächster Bhf. in Rimbach bzw. Fürth.

Gehzeit: Gut 3 Std, davon 2 Std bis Affolterbach.

Charakter: Leichte Wald- und aussichtsreiche Grünlandtour.

Einkehr: Grasellenbach, Affolterbach, Wahlen.

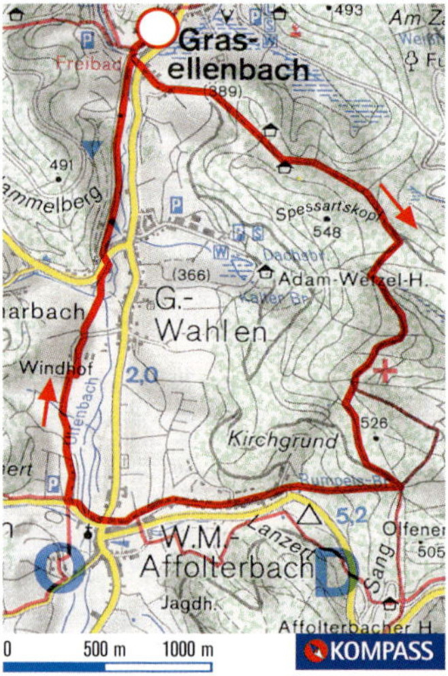

Vom Nibelungendorf Gras-Ellenbach führt der Franken-Hessen-Kurpfalz-Weg zum Siegfriedsbrunnen, wo Hagen von Tronje Siegfried ermordet haben soll.

Vom Parkplatz an der Nibelungenhalle in **Gras-Ellenbach** folgen wir der Durchgangsstraße kurz abwärts, bis der mit der Markierung »Rotkreuz« gekennzeichnete Franken-Hessen-Kurpfalz-Weg links in die Siegfriedstraße einbiegt und uns durch aussichtsreiches Grünland dem Wald zuführt.

Dort geht es kurz steiler aufwärts, dann erreichen wir den Rastplatz am **Siegfriedsbrunnen** im Hang des **Spessartskopfs**. Vom Siegfriedsbrunnen führt der Franken-Hessen-Kurpfalz-Weg in meist sachtem Anstieg durch die Wälder zur **Affolterbacher Höhe** und erreicht die Wegespinne beim **Verbotsstein**, einem Flurdenkmal aus dem Jahr 1831.

Das Kreuz an der Siegfriedsquelle, mit dem eingravierten Text der Mordszene aus dem Nibelungenlied.

Hier verlassen wir den Franken-Hessen-Kurpfalz-Weg und folgen dem Affolterbachrundweg »Af1« rechts hinab und geradeaus nach **Affolterbach** im Ulfenbachtal. Dort gehen wir nach Queren der Landstraße an der Kirche geradeaus und treffen wenig später auf die Hauptwanderwegmarkierung »Blaues Dreieck«: Sie leitet in aussichtsreichem Grünland ulfenbachtalaufwärts und an **Wahlen** vorbei zurück nach **Gras-Ellenbach**.

Siegfriedsbrunnen

Der Siegfriedsbrunnen bei Gras-Ellenbach ist im Odenwald die bekannteste jener Quellen, denen zugedacht wird, die Stätte zu sein, an denen Hagen von Tronje den Recken Siegfried hinterrücks ermordete. Die Quelle entspringt im Hang des Spessartskopfs, und auch der Name »Spessart« (Spechtwald) taucht im Nibelungenlied auf. Der Darmstädter Geheime Hofrat Knapp ließ 1851 am Siegfriedsbrunnen ein gotisierendes Steinkreuz errichten, in dessen Sockel die Strophe 981 aus der 16. Aventiure des in mittelhochdeutscher Sprache verfassten Nibelungenlieds eingemeisselt ist (Siegfrieds Ermordung).
Weitere Quellen, von denen gemutmaßt wird, es handle sich um den »authentischen« Siegfriedbrunnen, sind der Siegfriedbrunnen am Fuß des Reichenbacher Felsenmeers und der Hildegeresbrunnen bei der Wegscheide.

Lindenfels – Mossautal – Michelstadt

Wald- und Höhenwanderung auf dem E 8

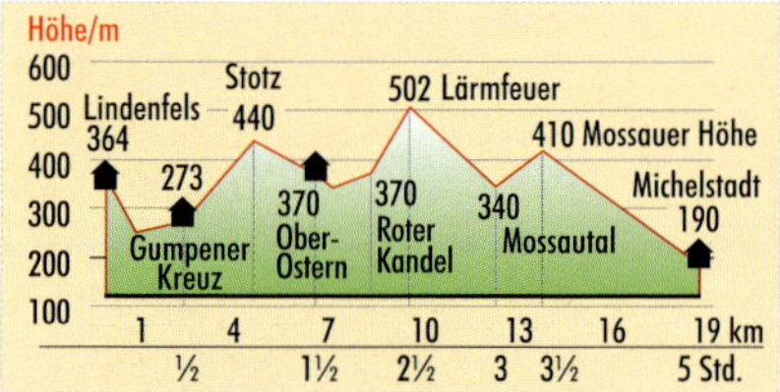

Ausgangspunkt: Lindenfels Ortsmitte, z. B. am Lindenplatz bzw. längs der engen Nibelungenstraße. Anfahrt auf der A5 Frankfurt am Main – Heidelberg, Ausfahrt Bensheim, dann auf der B 47 (Nibelungenstraße) Richtung Bensheim/Lindenfels/Michelstadt.
Bahn/Bus: Bushaltestelle in Lindenfels, DB-Bhf. in Michelstadt.
Gehzeit: 5 Std. (2½ Std bis zum Lärmfeuer).
Charakter: Leichte Wald- und aussichtsreiche Grünlandwanderung.
Einkehr: Lindenfels, Gumpener Kreuz, Ober-Ostern, Ober-Mossau, Michelstadt.
Karte: KOMPASS Nr. 764.

Vom heilklimatischen Kurort Lindenfels mit seinen verschindelten Fachwerkhäusern und den alten Stadttoren unter der gleichnamigen Burgruine führt die Odenwald-Nordvariante des E8 durch Wälder und über aussichtsreiches Grünland ins Mossautal und in die historische Altstadt von Michelstadt.
In **Lindenfels** folgen wir der Durchgangsstraße (B 47 = Nibelungenstraße) abwärts, bis die Mark. »weiße Raute« beim Haus Nr. 115 rechts in den Kambachweg abzweigt und gleich darauf in den Wald eintaucht. Nach Umrunden des Heidelbergs hält der Weg auf die Nibelungenstraße zu, zweigt kurz vorher wieder rechts in den Wald ab und wechselt gleich links auf einen Pfad, der im Wald zur Gaststätte am **Gumpener Kreuz** führt. Hinter der Straßenkreuzung führt der E8 in stetem Anstieg in den Wald hinauf und senkt sich dann beim **Stotz** aussichtsreich nach **Ober-Ostern** ins Tal des Osterbachs hinab: An der Kreis-

Angenehm schattige Waldwege erwarten während der Wanderung zum Lärmfeuer.

straße links und die nächste rechts (Im Eck). Hinter dem Gasthaus »Ostertal« zweigt unser Weg links ab, wendet sich nach Überqueren des Bachs rechts und führt nun überwiegend im Wald aufwärts am Forsthaus Roter Kandel vorbei zum **Lärmfeuer** mit der **Ihrighütte**.

Von hier geht es auf Waldpfaden recht steil hinab nach **Ober-Mossau** im Mossautal, wo der Brauerei-Gasthof »Schmücker« direkt am Weg liegt. An der Kirche vorbei führt der E8 nun aufwärts und wendet sich oben an der Kreuzung rechts zum Parkplatz **Mossauer Höhe**. Hier wechselt der E8 die Markierung, anstelle der »weißen Raute« gibt nun ein »gelbes Dreieck« die Route vor: Halb links geht es dem Wald zu und in sachtem Abstieg hinab zum Marktplatz im historischen Stadtzentrum von **Michelstadt**.

Wer zum Bahnhof muss, folgt vom Marktplatz aus dem Nibelungenweg (»gelbes Quadrat«).

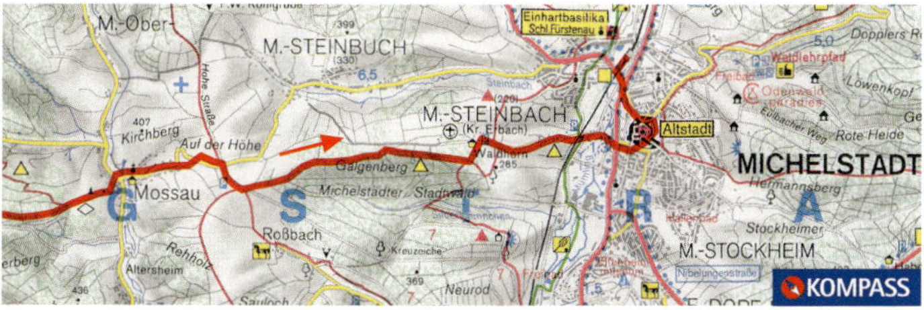

Reichelsheim – Beerfurth – Michelstadt

Panoramawanderung zur Einhardsbasilika

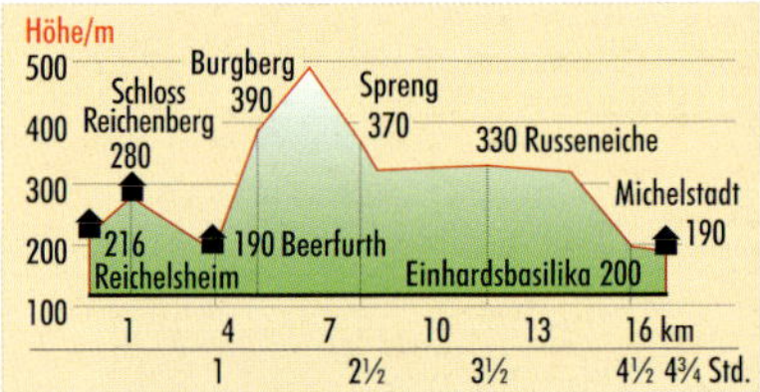

Ausgangspunkt: Altstadt von Reichelsheim bzw. Parkplatz am Aufgang zum Schlossberg. Anfahrt A5 Frankfurt a.M. – Heidelberg, Ausfahrt Bensheim, dann B 47 (Nibelungenstraße) via Bensheim/Reichelsheim/Michelstadt.
Bahn/Bus: Bushaltestelle in Reichelsheim, DB-Bahnhof in Michelstadt.
Gehzeit: 5 Std. (davon 1 Std bis Beerfurth).
Charakter: Leichte Wald- und aussichtsreiche Grünland- und Feldflurwanderung.
Einkehr: Reichelsheim, Schloss Reichenberg, Beerfurth, Michelstadt.
Karte: KOMPASS Nr. 764.

Mit einer exzellenter Aussicht leitet der Nibelungenweg von Reichelsheim durch eine sehr schöne Grünland- und Waldlandschaft in das Lebkuchendorf Beerfurth und weiter zur karolingischen Einhardsbasilika in Michelstadt.
Von der kleinen Altstadt von **Reichelsheim** leitet die Mark. »gelbes Quadrat« des Nibelungenwegs durch die Bismarck- und die Beerfurther Straße dem Schloss-

Das Fachwerkdorf Reichelsheim wird überragt von der Burg.

Meditationsweg Einhardsbasilika

Die Russeneiche, ein einzeln stehender Baum, ist die zehnte und letzte Station des durch Holztafeln markierten Meditationswegs »Sonnengesang«. Der von der katholischen Kirche eingerichtete »seelische Lehrpfad« beginnt an der um 825 errichteten karolingischen Einhardsbasilika und folgt mit Ausnahme des Rehbach-Abstechers dem Nibelungenweg; auf Holztafeln sind die zehn Strophen des »Sonnengesangs« (1225) von Franz von Assisi zu lesen. Der Meditationsweg soll die Stellung der Einhardsbasilika als eines geistigen Zentrums unterstreichen.

berg zu, auf dem das imposante Schloss Reichenberg thront. Am Ende der Beerfurther Straße geht es hinter dem Parkplatz links bergan (Am Schlossberg) und am Ende des Waldstücks scharf rechts auf einem Pfad, der bald wieder auf die Schlosszufahrt trifft. Vor einem Zaun zweigt der Nibelungenweg links in die Wiesen ab und führt mit weiter Aussicht hinab in das Lebkuchenbäckerdorf **Beerfurth**, an der Lebkuchenbäckerei rechts und nach Überqueren der Gersprenz geradeaus.

Nach Queren der Bundesstraße beginnt der Aufstieg zum bewaldeten Morsberg; wer auf halber Höhe bei der Schutzhütte den kurzen Abstecher zum **Beerfurther Schlösschen** (lokaler Rundweg 5), einer der ältesten Burganlagen des Odenwalds, unternimmt, sieht nur wenige Reste. Von den Wäldern des **Morsbergs** senkt sich der Nibelungenweg zum Abzweig **Spreng** (kein Gasthaus) an der Nibelungenstraße hinab, folgt kurz der Richtung Bad König führenden Landstraße und zweigt rechts auf den ersten Feldweg ab.

Nach erneuter Berührung mit der Nibelungenstraße geht es links ab in die Feldflur, wo sich prachtvolle Odenwaldpanoramen bieten. Bei drei Birken mit Sitzbank trifft der Nibelungenweg auf die Kreisstraße, folgt ihr kurz links und zweigt gleich rechts hinauf ab, an der nächsten Wegekreuzung links und nach Passieren der **Russeneiche** auf dem Asphaltweg rechts und an der Verzweigung geradeaus.

Beim Parkplatz an der **Einhardsquelle** wendet sich der Nibelungenweg kurz links und führt dann aussichtsreich hinab zur **Einhardsbasilika**, die in unmittelbarer Nähe der Parkanlagen von **Schloss Fürstenau** liegt. Noch vor Erreichen der Altstadt von **Michelstadt** liegt links der Bahnhof.

45

Otzberg – Böllstein – Grasellenbach

Auf dem Franken-Hessen-Kurpfalz-Weg durch den Odenwald

Ausgangspunkt: Parkplatz Bernhardsrain am Ortseingang Otzberg-Hering oder am alten Sportplatz bzw. Parkplatz Otzberg an der Landstraße; an der Veste selbst sind nur sehr wenige Parkplätze vorhanden. Anfahrt A5 Frankfurt a.M. – Heidelberg, Ausfahrt Pfungstadt und weiter B 426 via Ober-Ramstadt und Reinheim nach Otzberg.
Bus: Bushaltestellen in Otzberg und am Ziel in Grasellenbach.
Gehzeit: 7½ Std. (knapp 3 Std bis Böllstein).
Charakter: Tour auf bequemen Wegen, bis Spreng sehr aussichtsreich, danach im Wald.
Einkehr: Otzberg, Hassenroth, Böllstein, Grasellenbach.
Karte: KOMPASS Nr. 764.

In Grasellenbach-Hammel entspringt in einem Quellteich die Weschnitz.

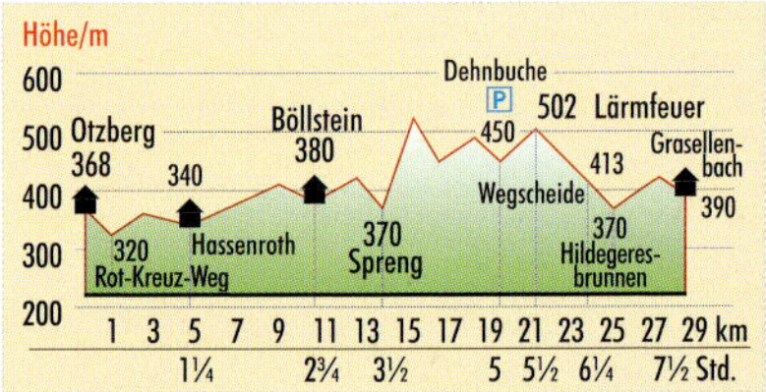

Vom markanten Basaltkegel des Otzbergs mit der im 16. Jh. festungsartig ausgebauten Gipfelburg führt der Franken-Hessen-Kurpfalz-Weg mit meist exzellenter Aussicht über die Höhen des nordöstlichen Odenwalds in das Nibelungendorf Grasellenbach.
Von der aussichtsreichen **Veste Otzberg** (Museum) leitet die Mark. »blaues Quadrat« durch **Hering** zur

Landstraße und trifft dahinter im Wald auf das »Rotkreuz« des Franken-Hessen-Kurpfalz-Wegs. Er führt rechts am Parkplatz »Otzberg« (Spielplatz, Waldkirche, Grillstellen) vorbei in den Erholungsort **Hassenroth**, den höchst gelegenen Ortsteil von Höchst und in einer hervorragenden Panoramawanderung nach **Böllstein**, wo sich bei klarer Sicht sogar der Feldberg im Taunus ausmachen lässt. Die Wanderstrecke verläuft meist auf der »Hohen Straße«, einem alten Höhenweg, den die Fuhrleute schon im Mittelalter benutzten, um die sumpfigen Niederungen zu vermeiden. An der Abzweigung **Spreng** an der Nibelungenstraße ändert sich der Charakter des Wegs: An die Stelle aussichtsreichen Grünlands treten dichte Wälder, der Höhenweg überschreitet den Morsberg, passiert einen **Steinernen Tisch**, den die Grafen von Erbach für Jagdgesellschaften aufstellen ließen, nach Queren einer Straße bei der **Dehnbuche** geht es am Marien-**Bild** vorbei hinauf zum **Lärmfeuer** (Schutzhütte) und dort rechts auf der Alten Poststraße hinab zur **Wegscheide** an der Siegfriedstraße.

Der wenig später erreichte **Hildegeresbrunnen** ist eine der Quellen, die mit der Ermordung Siegfrieds in Zusammenhang gebracht werden. Kurz hinter dem Naturschutzgebiet **Hirschwiese** verlässt der Franken-Hessen-Kurpfalz-Weg den Wald, hält kurz links und führt dann hinab nach **Grasellenbach**.

Obernburg – Hainhaus – Vielbrunn

Vom Maintal auf dem Limesweg in den Odenwald

Ausgangspunkt: Bhf. Elsenfeld, alternativ Parkhäuser in Obernburg. Anfahrt auf der B 469 Aschaffenburg – Obernburg – Miltenberg.
Bahn/Bus: Bahnlinie Miltenberg – Elsenfeld – Aschaffenburg. Vielbrunn, Ortsteil von Michelstadt, ist mit dem Bus erreichbar (Michelstadt – Miltenberg).
Gehzeit: Gut 4½ Std.
Charakter: Leichte Wald- und aussichtsreiche Grünlandwanderung.
Einkehr: Obernburg, Waldhaus, Vielbrunn.
Karte: KOMPASS Nr. 764.

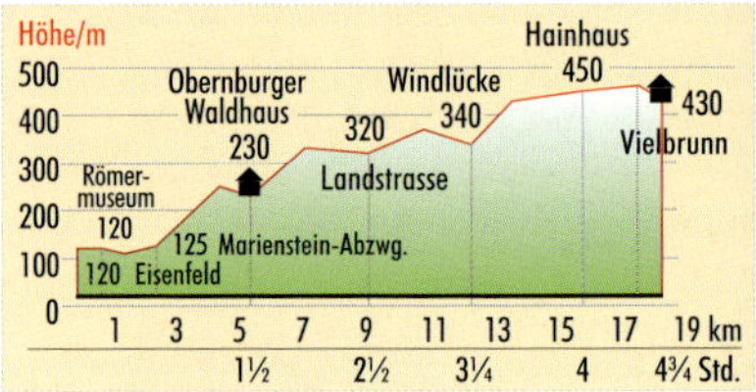

Die Nordetappe des westlichen Limeswegs führt mit dem E8 vom Maintal durch die Wälder und Feldfluren des bayerischen Odenwalds in den Luftkurort Vielbrunn im hessischen Odenwald.
Am Bhf. der Gemeinde **Elsenfeld** überqueren wir den Fluss auf der autofreien **Alten Mainbrücke** und erreichen am linken Mainufer **Obernburg**. Wer einen Abstecher zum Römermuseum in der sehenswerten Altstadt unternehmen will, geht geradeaus, ansonsten folgt man dem Mainufer flussaufwärts. Nach Überqueren der Mömling, die die Stadt in einem Südbogen umspült, und Unterqueren der B 469, geht es durch Grünland und Feldfluren aussichtsreich hinauf in die Wälder, wo nach Überschreiten der **Karls-**

Gelb leuchten die Rapsfelder im Frühjahr.

Die Fachwerkstadt Obernburg am Main

... erwuchs aus einem um 80 n. Chr. hier am linken Mainufer an der Mündung der Mömling angelegten Römerkastell. Das Museum Römerhaus (Mainstraße 1) präsentiert römische Funde aus dem ehemaligen Kastell Nemaninga. Von der spätmittelalterlichen Stadtmauer, die im 19. Jh. bis auf Teile der Nordflanke abgebrochen wurde, sind fünf stadtbildprägende Türme erhalten: an der Südwestecke der Täschenturm mit Zinnenkranz, an der Nordwestecke der ähnliche Hexenturm, im Südosten der fast quadratische Almosenturm, im Nordosten der Gumpenturm und in der Mitte der Westseite der stattliche Runde Turm.

höhe das **Waldhaus Obernburg** im **Obernburger Stadtwald** zu Einkehr lädt. Bald darauf erreicht der Limesweg am Waldrand die bayerisch-hessische Grenze und den ebenfalls in der Natur nicht sichtbaren, von Wörth am Main heraufführenden Limes. Nach einer Passage am Waldrand tritt der Limesweg endgültig auf hessisches Gebiet über, schwenkt auf die südwärts führende Mömling-Linie des Limes ein und erreicht das **Lützelbacher Schlösschen**, das nördlichste und mit 0,5 ha kleinste der sechs Steinkastelle am Odenwaldlimes; es konnte 120 Mann aufnehmen. Das nächste Kastell, **Windlücke**, war ein Kleinkastell, das maximal 40 Mann aufnehmen konnte; es sollte die Passstraße vom heutigen Breitenbrunn nach Haingrund kontrollieren. Nächster markanter Punkt am Limesweg ist das **Hainhaus** (»Hünenhaus«), ein ehem. Jagdhaus der Fürsten zu Löwenstein-Wertheim, errichtet um 1795 auf dem Gelände eines römischen Kastells bzw. Gutshofs.

Der als unheimlich geltende Platz ist ab dem 16. Jh. als Benzeberg (Teufelsberg) belegt, der Name Hainhaus entstand später. Herkunft und Funktion der sechs barocken Sessel im Hainhaus sind unbekannt. Wenig später verlässt der Limesweg den Wald und führt in den Luftkurort **Vielbrunn**.

47

Michelstadt – Weiten-Gesäß – Eulbacher Park

Historische Altstadt, stille Wälder und ein Landschaftspark der Romantik

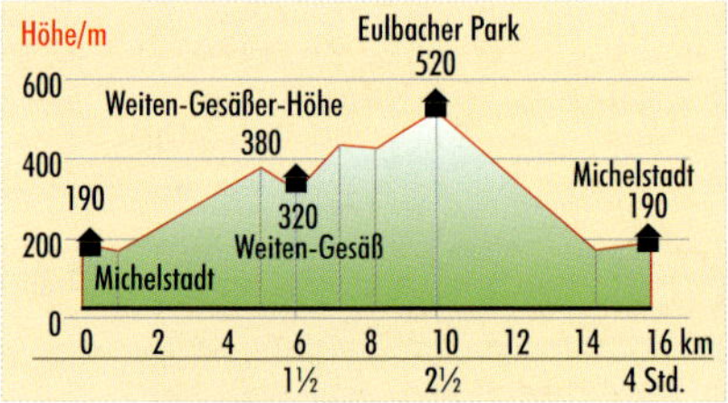

Ausgangspunkt: Bhf. Michelstadt. Anfahrt A5 Frankfurt a.M. – Heidelberg Ausfahrt Bensheim, dann auf der B 47 (Nibelungenstraße) Richtung Bensheim/Michelstadt
Bahn: DB-Bhf. Michelstadt.
Gehzeit: 4 Std, davon 2½ Std bis zum Eulbacher Park.
Charakter: Leichte Wald- und aussichtsreiche Grünlandwanderung.
Einkehr: Michelstadt, Weiten-Gesäß, Eulbacher Park.
Karte: KOMPASS Nr. 764.

Von der historischen Altstadt von Michelstadt leitet der Nibelungenweg im Gleichlauf mit dem E8 durch Wälder und aussichtsreiches Grünland hinauf in das beschauliche Dorf Weiten-Gesäß, von dem uns der Müllerweg in den Eulbacher Landschaftspark weiterführt.
Aus dem Bhf. **Michelstadt** tretend, gehen wir an der Wanderwege-Übersichtstafel kurz rechts und folgen der Nibelungenweg-Markierung »gelbes Quadrat« links durch die Bahnhofstraße zum Marktplatz mit dem historischen Rathaus. Kurz im Gleichlauf mit dem Weg »gelbes Dreieck« geht es gerade durch die Braunstraße, dann am Lindenplatz (Brunnen) links (Hochstraße) und in der Linkskurve halb rechts durch die Schäfersgasse, dann links und sofort rechts bergwärts durch die Waldstraße bzw. Im Fürstenauer Forst. Schließlich taucht der Nibelungenweg auf einem Asphaltweg, der in einen Forstweg übergeht, in die Wälder des **Weißen-Gesäßer**

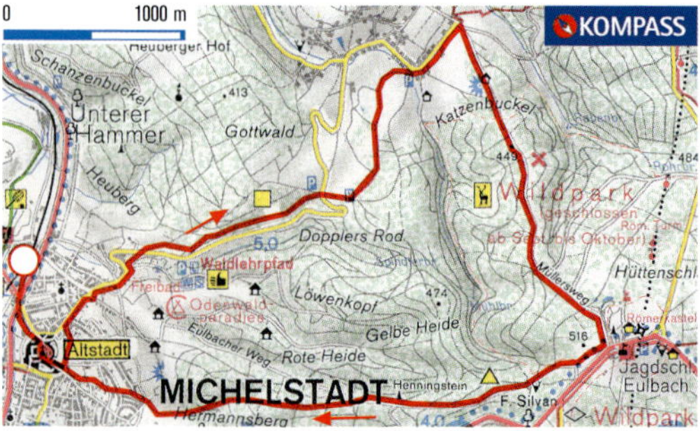

Die Nordvariante des E8 führt durch Wälder hinab nach Lindenfels, das von einer Burgruine überragt wird.

Bergs ein und führt in stetem Anstieg zum Parkplatz **Weiten-Gesäßer Höhe**. Am Waldrand hinter den Parkplätzen geht es links hinab und zuletzt aussichtsreich in das beschauliche Dorf **Weiten-Gesäß**, dort an der ersten Straßenkreuzung rechts und gleich links durch die Dorfstraße am Schlemmerhotel »Berghof« vorbei aufwärts.
Oben an der Kreuzung verlassen wir den Nibelungenweg und folgen der Mark. »rot-x« rechts hinauf dem Wald zu, wo am **Zuckerbuckel** bald eine Schutzhütte zur Rast lädt. In meist sachtem Anstieg führt der »Müllersweg« durch die Wälder, überschreitet die Kuppe des **Katzenbuckels** und erreicht den **Eulbacher Park**.
Hier schließen wir uns an der Straße der Markierung »gelbes Dreieck« an, die durch die Wälder zurück in die Altstadt von **Michelstadt** leitet.

Der Eulbacher Park

... ist ein englischer Landschaftsgarten mit Wildpark beim 1800–46 zum Schloss ausgebauten Jagdhaus Eulbach (1770), dem Wohnsitz der Grafen zu Erbach-Erbach auf der Eulbacher Höhe. Graf Franz I. ließ 1795–98 einen 3000 ha großen Wildpark einzäunen und wenig später nach Plänen des Hofgartendirektors Ludwig von Sckell einen Englischen Garten anlegen. Dieser bildet heute den Kern des auf 400 ha verkleinerten Parks mit seinen Teichen und zahlreichen Objekten aus den Römerkastellen Eulbach und Hainhäusel: Obelisk, Reste zweier Tore, Grab- und Inschriftsteine, Ruine eines Limes-Wachturms.
Vom Kastell Eulbach sind geringe Geländespuren südlich des Schlosses erhalten. Die Eberhardsburg im Eulbacher Park ist eine zur Zeit der Romantik aus Steinen anderer Odenwaldburgen (Wildenburg u.a.) errichtete künstliche Ruine.

Vielbrunn – Rüdenau – Miltenberg

Auf dem Nibelungenweg durch den Maintal-Odenwald

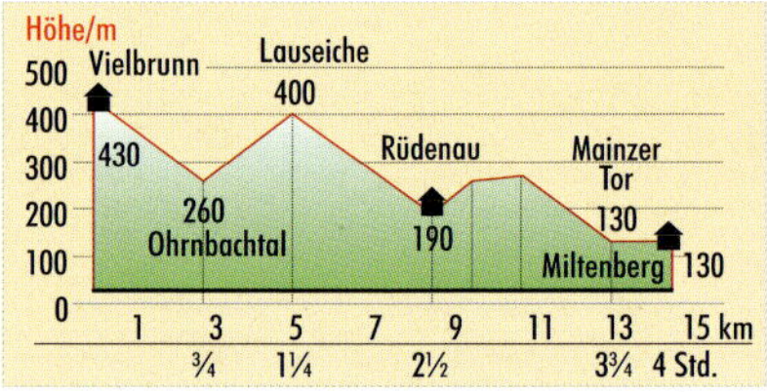

Ausgangspunkt: Ortsmitte Vielbrunn, Parkmöglichkeit auch am Schwimmbad. Anfahrt auf der A5 Frankfurt a.M. – Heidelberg, Ausfahrt Bensheim, dann B 47 (Nibelungenstraße) via Bensheim/Michelstadt, in Michelstadt weiter nach Vielbrunn.
Bus/Bahn: Bushaltestelle in Michelstadt-Vielbrunn, DB-Bhf. in Miltenberg.
Gehzeit: 4 Std., davon 2½ Std bis Rüdenau.
Charakter: Waldwanderung auf Wegen und Pfaden mit schönen Aussichtsstellen.
Einkehr: Vielbrunn, Geyersmühle, Rüdenau, Miltenberg.
Karte: KOMPASS Nr. 764.

Vom Luftkurort Vielbrunn führt der Nibelungenweg auf schönen Waldwegen in das Brunnendorf Rüdenau und in die Fachwerkstadt Miltenberg im Maintal.
In **Vielbrunn** führt der mit dem Zeichen »gelbes Quadrat« markierte Nibelungenweg kurz durch die Ohrnbachtalstraße, zweigt rechts in die Limesstraße ein, biegt vor dem Restaurant »Limeshalle« links ab, passiert das Schwimmbad am Ortsrand und folgt einem Schotterweg im Hang des Vielbrunner Bachtals abwärts. Zuletzt geht es auf der Straße zur **Geyersmühle** im Ohrnbachtal an der hessisch-bayerischen Grenze. Nach Überqueren des Bachs geht es scharf links auf dem Schotterweg und bald darauf rechts ziemlich steil und teilweise auf Pfaden durch den Hang des Geißbergs, dann lädt oben an der gewaltigen **Lauseiche** eine Schützhütte zur Rast.
In sachtem Abstieg folgt der Nibelungenweg nun dem Vielbrunner Weg (wiederum teilweise auf

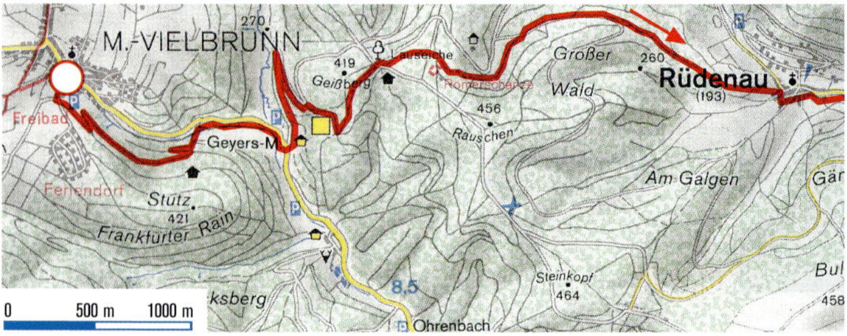

Über der vermauerten Nordpforte der Ottilienkirche in Rüdenau zeigt sich ein (gallo-)römisches Bundsandsteinrelief mit der Darstellung einer Quellgöttinnen-Dreifaltigkeit. Ein Abguss dieses Reliefs befindet sich im Historischen Museum zu Miltenberg.

Pfaden) durch die Wälder, und wo er oberhalb von Rüdenau in Obstbaumwiesen tritt, bietet sich eine wunderschöne Aussicht, dann lädt neben der Kirche in **Rüdenau** ein Gasthof zur Einkehr. Auf der Hauptstraße geht es nun ortsauswärts und hinter der Textilfabrik rechts hinauf durch die Wiesen dem Wald zu, wo der Nibelungenweg mit sehr schönen Maintalblicken dem Waldrand folgt.

Bald nach Passieren des Parkplatzes Springquelle wechselt der Nibelungenweg auf die Straße und folgt nach Überqueren der Bundesstraße der Breitendiehler Straße, die nach **Miltenberg** hineinführt.

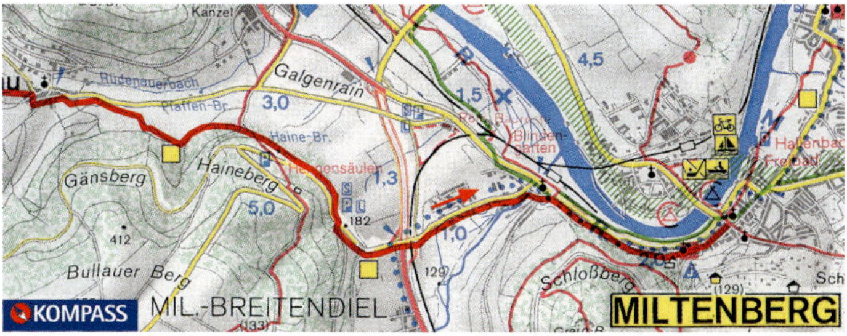

Hesselbach – Wildschweinpark

Auf dem Limesweg zur Wildschweinfütterung

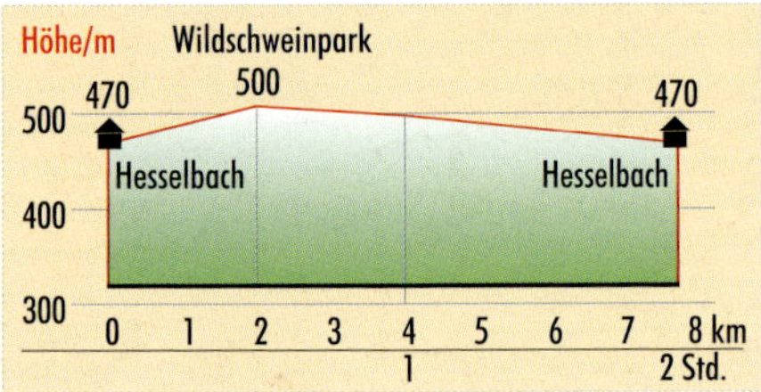

Ausgangspunkt: Wanderparkplatz in der Ortsmitte von Hesseneck-Hesselbach. Anfahrt auf der A5 Frankfurt am Main – Basel bis zum Kreuz Heidelberg, dann via Heidelberg auf der B 37 nach Eberbach, dort via Hesseneck/Erbach abzweigen und in Kailbach via Amorbach, schließlich Richtung Hesselbach.
Bus: Hesselbach ist mit dem Bus erreichbar.
Gehzeit: Gut 2 Std, davon 1 Std zum Wildschweinpark.
Charakter: Leichte Grünland- und Waldwanderung.
Einkehr: Hesselbach.
Karte: KOMPASS Nr. 764.

Von Hesselbach im hessisch-badisch-bayerischen Dreiländereck führt der Limesweg vorbei am römischen Wachtturm Vogelbaum-

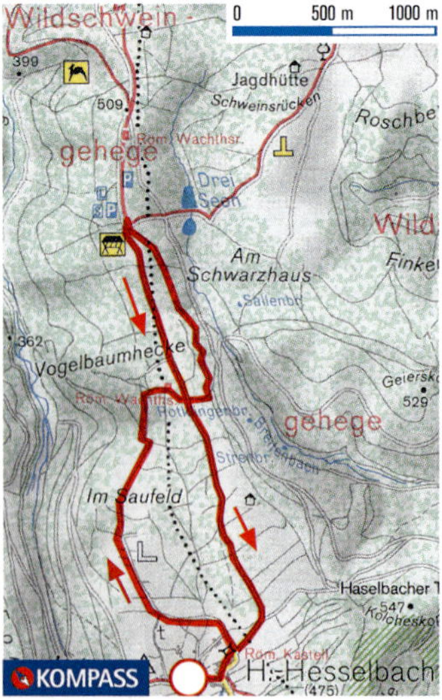

hecke, einem der besterhaltenen römischen Wachttürme in ganz Deutschland, zum Wildschweinpark.

Vom Wanderparkplatz in dem kleinen Höhendorf **Hesselbach** gehen wir am **Ottilienborn** und der **Kirche Sancta Lucia** vorbei (Markierung »weißes Dreieck«) und treffen wenig später auf den Limesweg (Markierung »L«), der beim Gasthaus »Grüner Baum« auf der Römerstraße links aus dem Ort hinausführt. Dort sind am Ortsrand Spuren des 80 x 73 m großen **römischen Numeruskastells** als Erddämme im Gelände noch deutlich zu sehen. Aussichtsreich führt der Limesweg durch Grünland und erreicht schließlich im Wald den **Wachtturm Vogelbaumhecke**, einen der besterhaltenen römischen Wachttürme in Deutschland; die

Naturnahes Wandern im Wechsel von Wald und Feldfluren

rekonstruierte Anlage mit Palisade und Patrouillenweg veranschaulicht eindrucksvoll das Aussehen römischer Grenzbefestigungen im besetzten Germanien. Vorbei an weiteren Relikten aus römischer Zeit führt der Limesweg zum **Fürstlich Leiningenschen Wildpark**.

Er ist vor allem im Sommer ein sehr häufig besuchtes Ausflugsziel, da man hier Schwarzwild aus nächster Nähe beobachten kann.

Als lohnenswerte Alternative zum Limesweg bietet sich für den Rückweg der mit der Ziffer 6 markierte »Wildpark-Weg« an.

Ottilienborn in Hesselbach

Das Höhendorf Hesselbach liegt an der ehemaligen Via Sancta des Odenwalds, dem alten Wallfahrtsweg von Wald-Michelbach nach Walldürn, und gehörte ursprünglich zum Benediktinerkloster Amorbach. Ziel der Pilger war der Ottilienborn, eine Quelle, deren Wasser als heilkräftig bei Augenleiden, Kopf- und Kindererkrankungen galt. Anstelle der um 1400 errichteten Quellkapelle befindet sich heute ein Kapellenbildstock bei der Kirche. Die barocke Pfarrkirche Sancta Lucia wurde 1756/66 als Ersatz für die gleichzeitig abgerissene Quellkapelle errichtet. Zu den wertvollsten Ausstattungsstücken zählt die kleine Sitzfigur der »Schwarzen Madonna des Odenwalds« (um 1420), zugehörig sind die Figuren der heiligen Odilia und des heiligen Jodokus. Die Schwarze Madonna befand sich bis zur Reformation in der Quellkirche von Schöllenbach, danach verschwand sie auf einem Dachboden und wurde schließlich an die katholisch gebliebenen Hesselbacher verkauft. Das Original des berühmten Hesselbacher Kreuzes (11. Jh.) befindet sich im Hessischen Landesmuseum in Darmstadt.

50

Amorbach – Gotthardsruine – Amorsbrunn

Sieben-Täler-Blick, Wallfahrtskirche und eine Perle des Barock

Ausgangspunkt: Bhf. Amorbach, hier befindet sich an der B 47 auch der »Altstadtparkplatz« für Pkw und Busse. Anfahrt A3 Frankfurt am Main – Aschaffenburg bis zur Ausfahrt Stockstadt, dann auf der B 469 via Miltenberg nach Amorbach.
Bahn: Bahnhof der Linie Miltenberg – Walldürn – Buchen.

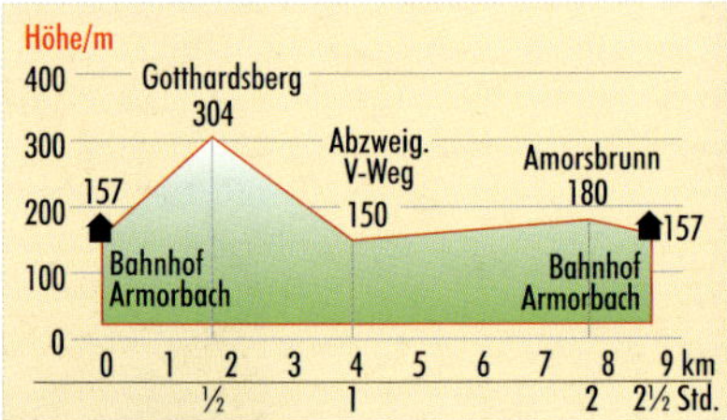

Gehzeit: Knapp 2½ Std, davon ½ Std auf den Gotthardsberg.
Charakter: Zum Teil sehr aussichtsreiche Wald- und Grünlandwanderung.
Einkehr: Amorbach.
Karte: KOMPASS Nr. 764.

Mit dem Sieben-Täler-Blick auf dem Gotthardsberg, der Wallfahrtskirche Amorsbrunn und der barocken Altstadt von Amorbach verbindet diese Tour drei der schönsten Natur- und Kulturperlen im fränkischen Odenwald.
Vom Bahnhof **Amorbach** folgen wir kurz der von der Bundes-

Das Heilbad neben der Quellkirche von Amorsbrunn.

straße abzweigenden Straße Richtung Weilbach rechts über den Bach, wobei »blau-x« und »blaue Raute« den Weg weisen. Schon bald verlassen die Markierungen die Straße, aussichtsreich geht es im Hang aufwärts, dann taucht der Weg in den Wald ein und erreicht die Ruine auf dem Gipfel des **Gotthardsbergs**.

Steil und in Serpentinen geht es vom Gipfel hinab ins Tal, wobei wir zusätzlich auf die Mark. W4 achten: Wer zum Bhf. in **Weilbach** will, folgt ihr geradeaus ins Dorf, während die »blaue Raute« die Bundesstraße überquert und dem Fluss Mud (Mudau) abwärts folgt. Bald nach Überqueren des Flusses zweigt links der mit »V« markierte Weg ab: Er überquert den Ohrenbach, führt im Waldsaumbereich talaufwärts und stößt schließlich

auf die B 47; hier geht es mit »A1« rechts zum Parkplatz »Amorsbrunn« hinauf und zur Wallfahrtskirche **Amorsbrunn**, zuletzt im Gleichlauf mit der Mark. »weiße Raute«.

Von der Wallfahrtskirche führt die »weiße Raute« in die unter Denkmalschutz stehende Barockaltstadt von **Amorbach**.

Gotthardsberg

Der Gotthardsberg mit den Ruinen einer im Kern romanischen Pfeilerbasilika ist einer der schönsten Aussichtspunkte im fränkischen Odenwald. Steil erhebt er sich rund 100 m zwischen den Mündungen mehrerer Täler und gewährt bei klarer Sicht einen »Sieben-Täler-Blick« bis hin zum Spessart. Mitten durch die Ruine verläuft die Grenze zwischen Amorbach und Weilbach. Erstmals erwähnt wird der damals »Frankenberg« genannte Berg im Jahr 714, als hier der Gaugraf Ruthard von Frankenberg residierte und die Missionare Pirmin und Amor auf den Gotthard gerufen haben soll. 1138 wurde zur Burg eine Kapelle, geweiht dem heiligen Godehard von Hildesheim, hinzugefügt, daher der Name Gotthardsberg. Der Stauferkaiser Friedrich I. Barbarossa ordnete 1168 die Zerstörung der zum Raubritternest verkommenen Burg an, an ihrer Stelle wurde ein Benediktinerinnenkloster gegründet, von dem in der heutigen Kirchenruine die beiden Arkadenreihen und die verzierten Kämpferfriese stammen. 1439 wurde das Kloster aufgelöst und sein Besitz der Abtei Amorbach als Propstei zugeschlagen, während des Bauernkriegs wurde das Kloster 1525 in Schutt und Asche gelegt. 1631 wurde die Kirche wieder aufgebaut, brannte jedoch nach einem Blitzschlag am 8. Juni 1714 völlig aus. Um die Ruine vor weiterem Verfall zu schützen, wurde sie 1956 gesichert und mit einem Dach versehen.

Pfarrer Anton Wehner dichtete 1932 das Weilbachlied:

»Von des Gotthards dunklen Wäldern schau ich weit ins Tal der Mud, wo umsäumt von grünen Feldern, Weilbach wie ein Kleinod ruht…«

KOMPASS

NR. 1 FÜR WANDERKARTEN